霊界問答

出口王仁三郎の

晩年の出口王仁三郎聖師

出口聖師（産土神小幡神社社殿にて）

出口聖師（産土神小幡神社にて）

昭和17年頃、穴太の上田家の墓参りをされる出口聖師

まえがき

救世主神・神素盞鳴大神様は、大宇宙の経綸、創造に際して、絶対の「愛」を根幹に天界を創造され、その写し世として現界が造られます。

霊界とは、普通神霊世界のことを意味しますが、出口王仁三郎聖師の説示する霊界は「現界、幽界、神界」を総称して霊界というと示されます。

私たちの目に見えない霊界は、主神を中心とする霊妙で時間空間を超越する、意思想念の精霊世界です。そして霊界には天国もあれば地獄も中有界もあります。

「天主一霊四魂をもって心を造り、これを活物に附与する。地主三元八力をもって体を造り万有に附与する。神ありてこれ守るにあらず。」人間がこの世に生まれると直ちに物質世界に直面し、喜怒哀楽の世界に生きることになります。それ故、体的なこと、目に見えるものを思考し行動するようになります。しかし、宇宙創造から現代社会にいたるまで、霊界と現界との間には、「顕幽一致」現界が霊界であり、霊界が現界であるという法則が現存し、現界の行動が霊界を造り、霊界にあることはこの現界に移写するという「相応の理」があるのです。

「地球に増減なし、人に増減あり」人間はこの世の御用を終えた後、肉体を残して、魂は永遠の霊界へと帰ります。この霊界へ帰る場所、それが在世中の活動や想念、情動により、自分の行先が決まります。

人間は、「天地経綸の主体」として現世に生きているうちに善を思い善を行い、そして真の神を知り、また霊界の消息を幾分なりとも知っておく必要があります。

本書は、現界と霊界、精霊、永遠の生命、人生の真目的、人の心、誠の神について、『霊界物語』はじめ既刊の『霊の礎』、その他関係著書から、問答形式などを抜粋し撰集しております。

神素盞嗚大神様（主神、天帝、ゴッド、弥勒、阿弥陀、観音……）の地上天国建設への御心がわかれば、人生は大きな収穫です。

内容の説明上、重複する箇所があります。ご了承下さい。

平成二十年十一月八日

みいづ舎編集

もくじ

第七章　霊界瑞言録……197

瑞言歌……245

第一章　永遠の生命と宗教

（一）道の栞

一、この世《よ》に人《ひと》の住《す》めるはあたかも旅人《たびびと》が宿屋《やどや》に泊《とま》れるごとく、必《かなら》ず一度《ど》は立《た》たねばならぬものぞ。たとえていえば神界《しんかい》は故郷《ふるさと》で、体《たい》は宿屋《やどや》で、霊《れい》は旅人《たびびと》である。旅人《たびびと》の宿屋《やどや》にあるものは必《かなら》ず故郷《ふるさと》へ帰《かえ》らねばならぬ。霊魂《れいこん》の人《ひと》の肉体《にくたい》に宿《やど》るものは、かならず霊魂《れいこん》の故郷《ふるさと》なる神界《しんかい》へ帰《かえ》らねばならぬ。

二、この世《よ》は涙《なみだ》の国《くに》である。苦《くる》しみの家《いえ》である。悪魔《あくま》の世《よ》の中《なか》である。夢《ゆめ》の浮世《うきよ》である。今日《きょう》栄《さか》えて明日《あす》はかならず亡《ほろ》ぶる世《よ》の中《なか》である。しかし大神《おおかみ》の御心《みこころ》にかない、誠《まこと》の道《みち》を歩《あゆ》むものには、この上《うえ》なき喜《よろこ》ばしき、楽《たの》しき世界《せかい》である。この世《よ》ぐらい結構《けっこう》な所《ところ》はないのである。霊《みたま》ばかりになりて神界《しんかい》で暮《くら》すよりも、肉体《にくたい》を持《も》って心《こころ》を神《かみ》にまかせ、誠《まこと》を貫《つらぬ》きて一日《にち》なりとも長《なが》く生《い》きて、世《よ》のため道《みち》のためになる事《こと》を残《のこ》すが、人《ひと》と生《うま》れし本分《ほんぶん》である。

三、精霊《せいれい》を高天原《たかあまはら》へ救《すく》われんと願《ねが》うものは瑞《みづ》の御霊《みたま》の取次《とりつ》ぐ言葉《ことば》を守《まも》れ。忍耐《にんたい》に忍耐《にんたい》を重《かさ》ね苦労《くろう》の上《うえ》にも苦労《くろう》をなして、信仰《しんこう》の霊《みたま》を煉鍛《ねりきた》え、霊《みたま》の発達《はったつ》を瑞《みづ》の御霊《みたま》によりて祈《いの》るべし。精霊《せいれい》は人間《にんげん》の本体《ほんたい》なり。根基《こんき》なり。

四、天帝《てんてい》の御霊魂《みたま》を真霊魂《しんれいこん》という。真霊魂《しんれいこん》は不増不減《ふぞうふげん》といいて、増《ま》すこともなくまた減《へ》ることもなし。天帝《てんてい》の霊魂《れいこん》は初《はじ》めもなく終《おわ》りもなし。人《ひと》の霊魂《れいこん》は然《しか》らず。必《かなら》ず増《ふ》えたり減《へ》りたりするものなり。すなわち善《ぜん》を為《な》せばその霊魂《れいこん》を増《ま》す。悪《あく》を為《な》せば霊魂《れいこん》を減《げん》ず。天帝《てんてい》は人《ひと》の身《み》に霊魂《れいこん》を与《あた》え、あるいはこれを奪《うば》う力《ちから》ある御方《おんかた》なり。

五、霊魂《みたま》の生命《いのち》は、永遠無窮《えいえんむきゅう》にして不老不死《ふろうふし》なり。不老不死《ふろうふし》とは、老《お》いず生命《いのち》死《し》せずということなり。ゆえに幽世《かくりよ》における霊魂《れいこん》の生命《いのち》なり。不老不死《ふろうふし》なる霊魂《れいこん》をして、永久《とこしえ》に誠《まこと》の神《かみ》の国《くに》の楽《たの》しみを与《あた》うるものは、これ果《はた》して誰《だれ》の力《ちから》なるぞ。神《かみ》をあつく信《しん》じてその行状《おこない》を全《まった》くし、神《かみ》の御心《みこころ》にかなう霊魂《れいこん》の力《ちから》なり。

六、肉体《にくたい》は一度《ど》生《うま》れて死《し》したる上《うえ》は、二度《ふたたび》この世《よ》に生《うま》るること能《あた》わざるものなり。二度《ふたたび》生《うま》れざる身《み》を持《も》ちながら、うかうかこの世《よ》を過《す》ごすことなかれ。……生《いき》あるうち、神《かみ》の御国《みくに》を知《し》らざる者《もの》は、死《し》しての後《のち》はなおさら、神《かみ》の国《くに》を知《し》ること能《あた》わず。

(二)　スサノオ哲学　道之大本

一、人《ひと》の肉体《にくたい》は朽《く》ち腐《くさ》り、消《き》え失《う》するとも、その霊魂《れいこん》は朽《く》ちることなくして、限《かぎ》りなき生命《せいめい》を保《たも》つものなる事《こと》を弁《わきま》え覚《さと》らざるべからず。この世許《よばか》りで未来《みらい》がないならば、人《にん》間《げん》は実《じつ》に情《なさ》けないものであるが、人《ひと》の霊魂《れいこん》は不滅《ふめつ》であるから実《じつ》に末《すえ》、頼《たの》もしき事《こと》である。その代《かわ》り善《ぜん》を行《おこな》いし人《ひと》の霊魂《れいこん》は結構《けっこう》であるが、悪人《あくにん》の為《ため》にはその霊魂不滅《れいこんふめつ》は実《じつ》に恐《おそ》るべき事《こと》である。

二、色々《いろいろ》な悪事《あくじ》を為《な》しても、死《し》すれば霊魂《れいこん》もなく影《かげ》も形《かたち》もなくして、水《みず》の泡《あわ》の消《き》えし如《ごと》くならば、悪人《あくにん》は実《じつ》に結構《けっこう》であるが、神《かみ》の掟《おきて》はそう甘《うま》くは行《ゆ》かぬのである。この世《よ》で悪《あく》を為《な》せしものには、その者《もの》の不滅《ふめつ》の霊魂《れいこん》に必《かなら》ず厳《きび》しき酬《むく》いを下《くだ》し給《たま》えば、人《ひと》たるものはこの果敢《はか》なき世《よ》にある間《あいだ》に、善《ぜん》の限《かぎ》り誠《まこと》の限《かぎ》りを尽《つく》し置《お》きて、未来《みらい》の楽《たの》しみの種《た》子《ね》を蒔《ま》かねばならぬのである。

三、人《ひと》は祖《そ》に基《もと》づくものである。その身《み》は実《じつ》に父母《ふぼ》ありて生《う》む所《ところ》のものである。

四、最上《さいじょう》の祖宗《そそう》は即《すなわ》ち父母《ふぼ》である。推量《おしはか》りこれをその始《はじ》めの時《とき》に遡《さかのぼ》りて考《かんが》うる時《とき》は、即《すなわ》ち第《だい》一世《せい》は果《は》たして誰《だれ》の生《う》む所《ところ》であろうか。必《かなら》ずその第《だい》一世《せい》は父母《ふぼ》の生《う》む所《ところ》にあらずして、全知全能《ぜんちぜんのう》の真《まこと》の神《かみ》ありてその父母《ちちはは》を造《つく》り給《たま》いし事《こと》は明《あき》らかになって来《く》るのである。鳥獣草木虫族《とりけものそうもくむしけら》に至《いた》るまでみなその祖先《そせん》は、この全知全能《ぜんちぜんのう》の神《かみ》の造《つく》り給《たま》う所《ところ》であるという事《こと》は動《うご》かす可《べ》からざる道理《どうり》である。

五、第《だい》一の祖先《そせん》は神《かみ》である。遠津御祖《とおつみおや》は第《だい》二の祖先《そせん》である。この第《だい》一なり第《だい》二なりの祖《そ》先《せん》を崇《あが》め奉《まつ》るは正《まさ》に人《ひと》たる者《もの》のつくすべき大道《だいどう》である。

六、吾人《ごじん》は祖先《そせん》の体《からだ》の続《つづ》きである。また我等《われら》の子《こ》や孫《まご》は我等《われら》の体《からだ》の続《つづ》きである。先祖《せんぞ》は我等《われら》の体《からだ》の始《はじ》めで、子《こ》や孫《まご》は我等《われら》の体《からだ》の終《おわ》りである。先祖《せんぞ》と我身《わがみ》と子孫《しそん》とは同《おな》じ体《からだ》をなし、以《もっ》て生存《せいぞん》を不滅《ふめつ》になさんとするのである。我身《わがみ》は先祖《せんぞ》と子孫《しそん》との体《からだ》を繋《つな》ぎ保《たも》つ所《ところ》の鎖《くさり》であることを悟《さと》るがゆえに、その先祖《せんぞ》を崇《あが》めその子孫《しそん》を守《まも》るのである。先祖《せんぞ》は昔《むかし》の吾《われ》であり、吾《われ》はこの世《よ》の先祖《せんぞ》である。子孫《しそん》は未来《みらい》の吾《われ》である。ゆえに吾《われ》の身《み》は独《ひと》りのものではないから、祖先《そせん》のためには道《みち》を守《まも》り力《ちから》をつくし、子孫《しそん》のためには十分《ぶん》に善《ぜん》をつくし徳《とく》を積《つ》まねばならぬ。

七、上帝《じょうてい》は一霊《れい》四魂《こん》を以《もっ》て心《こころ》を造《つく》り給《たま》い、これを世《よ》の中《なか》のあらゆる活物《かつぶつ》に配《くば》り与《あた》え給《たま》うのである。

一霊《れい》とは直日《なおひ》の霊《みたま》である。四魂《こん》とは荒魂《あらみたま》、和魂《にぎみたま》、幸魂《さちみたま》、奇魂《くしみたま》の四つの魂《たましい》である。

八、地主《ちしゅ》即《すなわ》ち大国魂《おおくにたま》は三元《げん》八力《りき》を以《もっ》て体《たい》を造《つく》りこれを万有《ばんゆう》に与《あた》え給《たま》う。

三元《げん》とは剛柔流《ごうじゅうりゅう》にして、八力《りき》とは動静解凝引弛合分《どうせいかいぎょういんちごうぶん》の八つの力《ちから》をいう。

九、ゆえに人《ひと》の霊《れい》を守《まも》る所《ところ》のものはその人《ひと》の体《たい》である。その人《ひと》の体《たい》を守《まも》るものは又《また》その人《ひと》の霊《れい》である。他《た》に神《かみ》がありてこれを守《まも》り給《たま》うのではないのである。これ即《すなわ》ち上帝《じょうてい》の命《めい》ずる所《ところ》の真理《しんり》である。

一〇、解《わか》り易《やす》く言葉《ことば》を換《か》えて言《い》う時《とき》は、田吾作《たごさく》の霊《れい》を守《まも》るものは田吾作《たごさく》の体《からだ》であるし、田《た》吾作《ごさく》の体《からだ》を守《まも》るものは又田吾作《またたごさく》の霊《れい》である。ゆえに他《た》に特別《とくべつ》に神《かみ》がありて田吾作《たごさく》の体《からだ》や霊《れい》を守《まも》るのではないのである。

一一、人々《ひとびと》の身体《からだ》は霊魂《みたま》の苗代《なわしろ》である。神《かみ》はこの苗代《なわしろ》に四魂《こん》の種《たね》を蒔《ま》き、直霊《なおひ》といえる光温《ひかりぬく》みを下《くだ》し、省《かえり》みると云《い》える農夫《のうふ》をして、曲津霊《まがつひ》という悪《あ》しき草《くさ》を取《と》り除《のぞ》かしめたまう。

一二、四魂《こん》の種《たね》を美《うる》わしき全《まった》きものとなして、天国《てんごく》の実《み》を結《むす》ばしめんと思《おも》う時《とき》は、直霊《なおひ》の光《ひかり》もなければならぬ。また温《ぬく》みもなければ生育《せいいく》せず、省《かえり》みると云《い》う農夫《のうふ》ありて、信《しん》仰《こう》の手《て》をもって悪《あ》しき草《くさ》を除《のぞ》かねばならぬ。

一三、霊魂《みたま》の実《みの》りをして、天国《てんごく》の倉庫《くら》に蔵《おさ》むるものは、農夫《のうふ》の手足《てあし》によらねばならぬ。農《のう》夫《ふ》の足《あし》は即《すなわ》ち義《ぎ》なり。義《ぎ》はたゞしと訓《くん》ず、過《あやま》ちを悔《く》い改《あらた》むるはこれ義《ぎ》なり。神《かみ》の御書《みふみ》に改言《かいげん》とあるは、言葉《ことば》を改《あらた》むることである。言葉《ことば》を改《あらた》むるは、これ過《あやま》ちを改《あらた》むるのである。過《あやま》ちを改《あらた》むるは即《すなわ》ち義《ぎ》である。

一四、この四魂《こん》の種《たね》にして、生《お》い立《た》つことなく、また結実《みのり》なきときは、これ誰《だれ》の罪《つみ》であろうか、光《ひかり》や温《ぬく》みはありとも、草《くさ》を取《と》る農夫《のうふ》の手足《てあし》働《はたら》かざりし故《ゆえ》ならん。

一五、霊魂《れいこん》の宜《よろ》しく発達《はったつ》して、強《つよ》く敏《さと》く光《ひかり》を放《はな》ち、天津国《あまつくに》に昇《のぼ》り得《う》る力《ちから》を養《やしな》う所《ところ》は、心《こころ》の苗代《なわしろ》である。一旦苗代《たんなわしろ》に下《お》ろされたる種《たね》は、よく培《つちか》い養《やしな》いて、最《いと》も美《うるわ》しく全《まった》き実《み》を結《むす》ばしめることに、心《こころ》を注《そそ》がねばならぬ。

（三）霊主体従と体主霊従

霊主体従《れいしゅたいじゅう》とは、人間《にんげん》の内分《ないぶん》が神《かみ》に向《む》かって開《ひら》け、ただ神《かみ》を愛《あい》し、神《かみ》を理解《りかい》し、善徳《ぜんとく》を積《つ》み、真《しん》の智慧《ちえ》を輝《かがや》かし、信《しん》の真徳《しんとく》におり、外的《がいてき》の事物《じぶつ》にすこしも拘泥《こうでい》せざる状態《じやうたい》をいうのである。かくのごとき人《ひと》はいわゆる地上《ちじょう》の天人《てんにん》にして、生《い》きながら天国《てんごく》に籍《せき》をおいている者《もの》で、この精霊《せいれい》を称《しょう》して本守護神《ほんしゅごじん》というのである。至粋《しすい》、至純《しじゅん》、至美《しび》、至善《しぜん》、至愛《しあい》、至《し》真《しん》の徳《とく》におるものでなくては、この境遇《きょうぐう》におることは出来《でき》ぬ。

また体主霊従《たいしゅれいじゅう》とは、人間《にんげん》はどうしても霊界《れいかい》と現界《げんかい》との中間《ちゅうかん》に介在《かいざい》するものである以上《いじょう》は、一方《ぽう》に天国《てんごく》を開《ひら》き一方《ぽう》に地獄《じごく》を開《ひら》いているものだ。ゆえに人間《にんげん》は、どうしても善悪混《ぜんあくこん》交美醜《こうびしゅう》たがいに交《まじ》わって世《よ》の中《なか》の神業《しんぎょう》に奉仕《ほうし》せなくてはならない。しかしこれは、普通《ふつう》一般《ぱん》の善《ぜん》にも非《あら》ず悪《あく》にも非《あら》ざる人間《にんげん》のことである。人間《にんげん》は肉体《にくたい》を基礎《きそ》とし、また終極点《しゅうきょくてん》とするがゆえに、外的方面《がいてきほうめん》より見《み》て体主霊従《たいしゅれいじゅう》というのであるが、しかしながら、これを主《しゅ》観的《かんてき》にいえば霊的《れいてき》五分《ぶ》、体的《たいてき》五分《ぶ》、すなわち霊《れい》五体《たい》五たるべきものである。もし霊《れい》を軽《かろ》んじ体《たい》を重《おも》んずるに至《いた》らば、ここに体《たい》五霊《れい》五となるのである。同《おな》じ体《たい》五分《ぶ》霊《れい》五分《ぶ》といえども、その所主《しょしゅ》の愛《あい》が外的《がいてき》なると、内的《ないてき》なるとによって、霊《れい》五体《たい》五となり、また体《たい》五霊《れい》五となるのである。ゆえに霊《れい》五体《たい》五の人間《にんげん》は、天国《てんごく》に向《む》かって内分《ないぶん》が開《ひら》け、体《たい》五霊《れい》五の人間《にんげん》は、地《じ》獄《ごく》に向《む》かってその内分《ないぶん》が開《ひら》けているものである。

一般《ぱん》に体主霊従《たいしゅれいじゅう》といえば、霊学《れいがく》の説明《せつめい》上悪《じょうあく》となっているが、しかし体主霊従《たいしゅれいじゅう》とは、生《い》きながら中有界《ちゅううかい》に迷《まよ》っている人間《にんげん》の境遇《きょうぐう》をいうのである。人間《にんげん》は最善《さいぜん》を尽《つく》し、ただ一つの悪《あく》をなさなくてもその心性情動《しんせいじょうどう》の如何《いかん》によりて、あるいは善《ぜん》となりあるいは悪《あく》となるものである。ゆえに人間《にんげん》は、どうしても霊《れい》五体《たい》五より下《くだ》ることは出来《でき》ない。これを下《くだ》ればたちまち地獄界《じごくかい》に堕《お》ちねばならぬのである。なにほど善《ぜん》を尽《つく》したと思《おも》っていても、その愛《あい》が神的《しんてき》なると自然的《しぜんてき》なるとによって、天国地獄《てんごくじごく》がわかるるのであるから、体主霊従的人間《たいしゅれいじゅうてきにんげん》が、現世《げんせ》において一つでも悪事《あくじ》をなしたならば、どうしてもこれは体《たい》五霊《れい》五どころか体《たい》六霊《れい》四、体《たい》七霊《れい》三となりて、たちまち地獄道《じごくどう》へ落《お》ちねばならぬのである。

（『霊界物語』第五二巻・第一七章「飴屋」大正一一年二月九日）

（四）霊主体従の精神と個性の独立

人間《にんげん》が母《はは》の体内《たいない》にはじめて受胎《じゅたい》したときは、頭《あたま》もなく四肢《しし》もわからず、混沌《こんとん》としてあたかも鶏子《けいし》のごときものであって、宇宙創造《うちゅうそうぞう》、天地剖判《てんちぼうはん》の姿《すがた》そのままなのである。ところが三月《つき》たち五月《つき》すぎて、だんだんと人間《にんげん》としての肉体《にくたい》を備《そな》え、かくて十ケ月《げつ》にして、すでに母体《ぼたい》の保護《ほご》をうけずともよい状態《じょうたい》までに発育《はついく》すると、産声《うぶごえ》とともにこの地上《ちじょう》に産《う》まれてくるのである。

しかしこの世界《せかい》にはじめて、人間《にんげん》として産《う》まれ出《で》てきた時《とき》には、もちろん肉体《にくたい》そのものも不完全《ふかんぜん》ではあるが、とくにその意思想念《いしそうねん》すなわち霊魂《れいこん》の働《はたら》きは、まだ混沌《こんとん》として鶏子《けいし》のごときものである。そこにはなんら独立《どくりつ》した個性《こせい》というものがなく、それは大自然《だいしぜん》そのままの肉体《にくたい》であり、造化《ぞうか》の神自体《かみじたい》の魂《たましい》の働《はたら》きであるとみることができるのである。

かくて五年《ねん》、十年《ねん》の歳月《さいげつ》を経《へ》るにしたがって、その精神《せいしん》も肉体《にくたい》もしだいに発達《はったつ》し、ここに意思想念《いしそうねん》すなわち霊魂《れいこん》に個性《こせい》を生《しょう》じ、独立性《どくりつせい》を有《ゆう》するようになる。五十年《ねん》の人生《じんせい》は、ちょうど十ケ月間《げつかん》にわたる胎児《たいじ》の母体内《ぼたいない》の生活《せいかつ》と同様《どうよう》に、われわれの霊魂《れいこん》をその肉体内《にくたいない》に保護《ほご》するとともに、その独立的個性《どくりつてきこせい》を養育《よういく》する過程《かてい》なのである。

○

ままならぬ社会制度《しゃかいせいど》や、生活《せいかつ》のための労苦《ろうく》や、向上《こうじょう》のための勉学《べんがく》、その他肉体《たにくたい》におきる病気《びょうき》までも、ことごとく外界《がいかい》にあらわれる諸事象《しょじしょう》は、人間《にんげん》の霊魂《れいこん》を保護《ほご》し練磨《れんま》する母体《ぼたい》に相応《そうおう》しているのである。しかして人《ひと》の霊魂《れいこん》が完全《かんぜん》に発育《はついく》して、肉体《にくたい》の保護《ほご》や補助《ほじょ》をうけなくとも独立独往《どくりつどくおう》できる状態《じょうたい》になって、その肉体《にくたい》を離《はな》れ現象《げんしょう》の世界《せかい》を去《さ》って、無限《むげん》の実在界《じつざいかい》に更生《こうせい》することを「大往生《だいおうじょう》」というのである。

○

それで古《いにしえ》の聖賢《せいけん》は、すべて我欲《がよく》を去《さ》れと説《と》き、執着《しゅうちゃく》を断《た》てと教《おし》えたが、それは人間《にんげん》の心《こころ》が、いつまでも肉体《にくたい》に支配《しはい》されていることは、ちょうど発育不良《はついくふりょう》な胎児《たいじ》が、母体《ぼたい》の保《ほ》護《ご》をうけることができなくなった時《とき》に死《し》んでしまうのと同様《どうよう》に、いつまでも物欲《ぶつよく》にとらわれている霊魂《れいこん》は、ついに永遠《えいえん》の生命《いのち》に更生《こうせい》することができずして、流産《りゅうざん》してしまうことをいましめたものなのである。人《ひと》として真《まこと》の生命《いのち》に住《じゅう》することは、物欲《ぶつよく》にとらわれぬ霊主体従《ひのもと》の大道《だいどう》を体得《たいとく》する以外《いがい》に途《みち》はないのである。

仏教《ぶつきょう》ではこの消息《しょうそく》を、無明《むみょう》より来《きた》る流転《るてん》の生《せい》といっているが、今日《こんにち》の人間界《にんげんかい》のありさまを見《み》るのに、哀《あわ》れにもすべての生民《たみ》が永劫《えいごう》の流転《るてん》の妄念《もうねん》にとらわれ、発育不良《はついくふりょう》のたくさんな胎児《たいじ》が、神様《かみさま》から「お出直《でなお》し」を宣言《せんげん》されて、流産《りゅうざん》、死産《しざん》の悲境《ひきょう》にある。

おそらく宇宙創造人類発生以来《うちゅうそうぞうじんるいはっせいいらい》、今日《こんにち》ほどこの地上《ちじょう》が、かかる多《おお》くの妄者《もうじゃ》によって埋《う》められた時《とき》はないであろう。しかしそれも唯物思想《ゆいぶつしそう》にとらわれ神霊《しんれい》を否定《ひてい》した人間《にんげん》が、国家《こっか》社会《しゃかい》の指導者《しどうしゃ》となって、大衆《たいしゅう》を泥沼《どろぬま》（溝《みぞ》）に手引《てび》きしてきたのであるから、かくなることは当然《とうぜん》の結果《けっか》である。

○

人間《にんげん》が個性《こせい》を有《ゆう》するということは、じつに尊《とうと》いことである。この大宇宙《だいうちゅう》の発達進展《はったつしんてん》は、万有《ばんゆう》がますますその個性《こせい》を強《つよ》く発揮《はっき》することによって得《え》られるものである。しかし人《ひと》が個《こ》性《せい》を発揮《はっき》するということは、けっして個我《こが》にとらわれて不統《ふとう》一になることではない。枝葉《えだは》がいよいよ栄《さか》えるということは、幹《みき》から切《き》れることではない。

霊主体従《ひのもと》の精神《せいしん》は、すべてのものが益々《ますます》その個性《こせい》を発揮《はっき》するとともに、いよいよ固《かた》く元《もと》に帰向《きこう》し統《とう》一される途《みち》なのである。そこにこそ永遠《えいえん》に栄《さか》えゆく世界《せかい》が開《ひら》かれるのである。

結局《けつきょく》、この世界《せかい》もすべての国家《こっか》も神《かみ》の御心《みこころ》に帰向《きこう》して、しかもその個性《こせい》を縦横《じゅうおう》に発揮《はっき》し、霊主体従《ひのもと》の大精神《だいせいしん》に立脚《りっきゃく》して諸々《もろもろ》の制度《せいど》を確立《かくりつ》するまでは、なんどもなんども戦争《せんそう》と革命《かくめい》の惨事《さんじ》をくりかえさねばならないであろう。ゆえにわれわれは、大宇宙《だいうちゅう》および人生《じんせい》を一貫《かん》する活生命《かっせいめい》を十分《ぶん》に体得《たいとく》して、そして永遠《えいえん》に栄《さか》えてゆく正《ただ》しき国家社会《こっかしゃかい》の基礎《きそ》を樹立《じゅりつ》し、また人間生活《にんげんせいかつ》の基調《きちょう》を確立《かくりつ》しなくてはならないのである。

（『人類愛善新聞』「霊主体従の精神」昭和一〇年一一月三日）

（五）真の宗教

宗教《しゅうきょう》の宗《しゅう》の字《じ》は、国語《こくご》にて宗《むね》と訓《くん》ず、宇宙《うちゅう》一切《さい》の経緯《けいい》を示《しめ》すという意味《いみ》である。ウ冠《かんむり》のウは、天地万有《てんちばんゆう》一切《さい》を生《う》み出《だ》す神《かみ》の経綸《けいりん》という言霊《ことたま》であり、下《した》の示すという字《じ》は、天地人開《てんちじんひら》くという意味《いみ》である。

宗教《しゅうきょう》という意味《いみ》は天地人《てんちじん》一切《さい》に関《かん》する根本《こんぽん》の真理《しんり》を開示《かいじ》し、神《かみ》の意思《いし》によって人心《じんしん》を導《みちび》き、民《たみ》をおさめ、一切《さい》の万有《ばんゆう》を安息《あんそく》せしむべき意味《いみ》が含《ふく》まれている。ゆえに宗教《しゅうきょう》は、天文《てんもん》、地文《ちもん》、政治《せいじ》、教育《きょういく》、芸術《げいじゅつ》、経済《けいざい》、その他《た》ありとあらゆるものに対《たい》し根本的解決《こんぽんてきかいけつ》を与《あた》うるものの云《い》いである。

○

今《いま》までの既成宗教《きせいしゅうきょう》は何《いず》れも天《てん》に傾《かたむ》き、地《ち》に傾《かたむ》き、あるいは心《こころ》に傾《かたむ》き、そして一切《さい》の人《にん》間界《げんかい》と乖離《かいり》している傾《かたむ》きがある。現実界《げんじつかい》を疎外《そがい》し厭離穢土《えんりえど》だとか、苦《く》の世界《せかい》だとか、火宅《かたく》土《ど》とか、種々軽侮的扱《しゅじゅけいぶてきあつか》いをなし、そうして目《め》に見《み》えない霊界《れいかい》を讃美渇仰《さんびかつごう》し、人間生活《にんげんせいかつ》の要諦《ようたい》にふれていないもの計《ばか》りである。中《なか》には立派《りっぱ》な宗教《しゅうきょう》と現代人《げんだいじん》が思《おも》っておる教理《きょうり》は人《にん》間《げん》の慣性《かんせい》たる五倫五常《ごりんごじょう》の道《みち》を専《もっぱ》ら説《と》いて宗教《しゅうきょう》の本旨《ほんし》に副《かな》ったもの丶ように思《おも》っているのが多《おお》い。

試《ため》しの道《みち》の心得《こころえ》だとか、八ツのほこりだとか、五戒《かい》十戒《かい》だとか、地上《ちじょう》の人間《にんげん》に対《たい》し禁欲的《きんよくてき》の教理《きょうり》を教《おし》へ、神仏《しんぶつ》は非常《ひじょう》に尊《とうと》きもの、恐《おそ》るべきものとして、殆《ほと》んど人間《にんげん》の近《ちか》づくことが出来《でき》ないもの丶ごとく習慣《しゅうかん》づけてきたものである。

人間《にんげん》は生《うま》れながらにして善悪正邪《ぜんあくせいじゃ》の区別《くべつ》は知《し》っている。教《おしえ》なるものは今日《こんにち》の曇《くも》りきった人間《にんげん》の知識《ちしき》をもって測知《そくち》すべからざる真理《しんり》を教《おし》えてこそ初《はじ》めて宗教《しゅうきょう》の価値《かち》もあり、権威《けんい》もあるのである。バイブルを調《しら》べても、釈迦《しゃか》の『一切経《注いっさいきょう》』を調《しら》べて見《み》ても、いたずらに文句《もんく》を長《なが》たらしく並《なら》べたのみで、これという一つの龍頭《りゅうず》を認《みと》めることが出来《でき》ない。ゆえに既成宗教《きせいしゅうきょう》を調《しら》ぶれば調《しら》ぶるほど、迷《まよ》いを生《しょう》ずるのみであって、いたずらに時間《じかん》を空費《くうひ》したのが収穫《しゅうかく》ぐらいなものである。

○

ゆえに今日《こんにち》まで宗教《しゅうきょう》が人心《じんしん》によい感化《かんか》を与《あた》えたことは少々《しょうしょう》あっても、至粋至純《しすいしじゅん》なる天《てん》賦《ぶ》の精霊《せいれい》を混濁《こんだく》せしめたことも多大《ただい》である。そうして今《いま》まで地上《ちじょう》は宗教《しゅうきょう》あるがゆえに残《ざん》虐《ぎゃく》なる宗教戦《しゅうきょうせん》も、度々《たびたび》繰返《くりかえ》された。現《げん》に○○○○あたりの宗教戦《しゅうきょうせん》もその数《すう》に漏《も》れない残虐戦《ざんぎゃくせん》である。先年《せんねん》の世界戦《せかいせん》に対《たい》しても世界《せかい》のあらゆる宗教《しゅうきょう》が、何《なん》の権威《けんい》もなく、何《なん》の働《はたら》きもなかったことなども明瞭《めいりょう》である。

要《よう》するに宗教《しゅうきょう》なるものは地上《ちじょう》一切《さい》の経綸《けいりん》に対《たい》し、根本的《こんぽんてき》に指導《しどう》すべき使命《しめい》をもっているものでなくてはならないのである。

（『水鏡』「真の宗教」一六〇頁）

◆一切経《さいきょう》…経蔵《きょうぞう》・律蔵《りつぞう》・論蔵《ろんぞう》の三蔵《ぞう》およびその注釈書《ちゅうしゃくしょ》を含《ふく》めた仏教聖典《ぶっきょうせいてん》の総称《そうしょう》。大蔵経《だいぞうきょう》の別称《べっしょう》。

(六) 自由宗教の時代へ

社会《しゃかい》の一般的傾向《ぱんてきけいこう》が、ようやく民衆的《みんしゅうてき》になりつつあるとともに、宗教的信仰《しゅうきょうてきしんこう》も、あながち寺院《じいん》や教会《きょうかい》に依頼《いらい》せず、各自《かくじ》の精神《せいしん》にもっとも適合《てきごう》するところを求《もと》めて、その粗弱《そじゃく》なる精霊《せいれい》の満足《まんぞく》を図《はか》らんとするの趨勢《すうせい》となりつつあるようだ。宣伝使《せんでんし》や僧侶《そうりょ》の説《と》くところを聴《き》きつつ、おのれ自《みずか》ら神霊《しんれい》の世界《せかい》を想像《そうぞう》しこれを語《かた》りて、いわゆる自由宗教《じゆうしゅうきょう》の殿堂《でんどう》を、各自《かくじ》の精神内《せいしんない》に建設《けんせつ》せんとする時代《じだい》である。

既成宗教《きせいしゅうきょう》の教典《きょうてん》に何事《なにごと》が書《か》いてあろうが、自《みずか》ら認《みと》めて合理的《ごうりてき》とし、詩的《してき》とするところを読《よ》み、世界《せかい》のどこかに真《しん》の宗教《しゅうきょう》を見出《みい》ださんものとしている。今日《こんにち》ひろく芸術趣味《げいじゅつしゅみ》の拡《ひろ》まりつつあるのは、宗教趣味《しゅうきょうしゅみ》の薄《うす》らいだところを補《おぎな》うようになっている。

従前《じゅうぜん》の宗教《しゅうきょう》は、政治的《せいじてき》であり専制的《せんせいてき》なりしに引《ひ》き替《か》え、現今《げんこん》は、芸術的《げいじゅってき》であり民衆的《みんしゅうてき》となってきたのも、天運循環《てんうんじゅんかん》の神律《しんりつ》によって、仁慈《みろく》出現《しゅつげん》の前提《ぜんてい》といってもよいのである。

（『霊界物語』第四八巻「序文」大正一二年一月一二日）

（七）芸術は宗教の母なり

私《わたし》が、宗教《しゅうきょう》が芸術《げいじゅつ》を生《う》むのではなく、「芸術《げいじゅつ》は宗教《しゅうきょう》の母《はは》であると」喝破《かっぱ》したのは、今《いま》の人《ひと》のいう芸術《げいじゅつ》のことではないのである。造化《ぞうか》の芸術《げいじゅつ》を指《さ》して云《い》うたのである。日月《じつげつ》を師《し》とする造化《ぞうか》の芸術《げいじゅつ》の謂《い》いである。現代人《げんだいじん》のいう芸術《げいじゅつ》ならは、「宗教《しゅうきょう》は芸術《げいじゅつ》の母《はは》なり」という言葉《ことば》が適《てき》している。

（『出口王仁三郎著作集』第三巻「宗教は芸術の母なり」）

（『霊界物語』第三六巻「序文」、第六五巻「総説」参照）

（八）幸福は与えられるが満足は与えられぬ

なんぼ愛善会《あいぜんかい》でも、すべての人《ひと》に幸福《こうふく》を与《あた》えられても、満足《まんぞく》は与《あた》えられない。なぜかといえば、すべての物質《ぶっしつ》は有限的《ゆうげんてき》であるから、人間《にんげん》の無限《むげん》の欲望《よくぼう》を満足《まんぞく》さすことは出来《でき》ない。たとえば十万円《えん》の財産が出来《でき》ると百万円《えん》の財産家《ざいさんか》になりたくなり、百万円出来《えんでき》たら千万円《えん》になりたい、一億円《おくえん》になりたいというように、満足《まんぞく》というものは与《あた》えられるものではない。幸福《こうふく》というものは与《あた》えられる。誰《だれ》も彼《かれ》も身魂相当《みたまそうとう》に幸福《こうふく》というものは与《あた》えることができる。味《あじわ》うこともできる。しかし満足《まんぞく》だけは与《あた》えられない。満足《まんぞく》というやつはちょっと無理《むり》なやつです。

宗教《しゅうきょう》なるものは平和《へいわ》と幸福《こうふく》を与《あた》えるためであって満足《まんぞく》を与《あた》えるためではない。『霊界物語《れいかいものがたり》』にも天国《てんごく》もあり、地獄《じごく》も説《と》いてある。それは人《ひと》の精神状態《せいしんじょうたい》をあゝいうふうに説《と》いてあるけれども、愛善《あいぜん》の道《みち》に大悟徹底《たいごてってい》すれば地獄《じごく》も八衢《やちまた》もない。徹底《てってい》しないからそういうものが出来《でき》てくるのである。

今《いま》までの宗教《しゅうきょう》はすべて日本男児《にっぽんだんじ》の睾丸《こうがん》を割去《かっきょ》して去勢《きょせい》する道具《どうぐ》だ。睾丸《こうがん》を抜《ぬ》いてしまって卑屈《ひくつ》な人間《にんげん》にしてしまう。睾丸《こうがん》を抜《ぬ》くと牛《うし》の暴《あば》れる奴《やつ》もあばれない。人《ひと》を突《つ》き殺《ころ》さない。そのかわり活動《かつどう》がにぶい。そのように人間《にんげん》も活動《かつどう》がにぶくなる。それは信仰《しんこう》の堕落《だらく》である。すべて脅喝文句《きょうかつもんく》が多《おお》いから恐怖心《きょうふしん》をすぐに養《やしな》う。信仰《しんこう》するのは「安心立命《あんしんりつめい》」のためであって、恐怖《きょうふ》を起《おこ》すために信仰《しんこう》するのではない。

すこし私《わたし》の考《かんが》えは脱線《だっせん》しておるか知《し》らんが、社会《しゃかい》に害《がい》を与《あた》えぬかぎり、何《なに》をしても神《かみ》は罰《ばっ》することはないと思《おも》う。

また、もとより罰《ばっ》する気《き》づかいはないのだから、害毒《がいどく》を与《あた》えると社会《しゃかい》から憎《にく》まれて罰《ばっ》せられるけれども、神《かみ》そのものからは罰《ばっ》は与《あた》えない。

（『出口王仁三郎全集』第一巻「幸福は与えられるが満足は与えられぬ」四三八頁）

第二章　霊界問答

（一）霊界問答

○

問　「智慧証覚《ちえしょうかく》とはどういうものでございますか」

王仁「智慧《ちえ》は人《ひと》が生《う》れながらにして神様《かみさま》から与《あた》えられたもので、すなわち先天的《せんてんてき》、内分的《ないぶんてき》、神的《しんてき》である。それで学問《がくもん》がなくても智慧《ちえ》はある。学問《がくもん》があっても智慧《ちえ》の働《はたら》きのないものもある。外分的《がいぶんてき》、後天的《こうてんてき》の学問《がくもん》その他《た》で出来《でき》たものは知識《ちしき》であって智慧《ちえ》とは違《ちが》う。仏教《ぶつきょう》などでいう善知識《ぜんちしき》というのは外分的《がいぶんてき》の記憶的知識《きおくてきちしき》で、真《まこと》の心《こころ》の救《すく》いとなるものではない。智慧《ちえ》の智《ち》とは日《ひ》を知《し》る（ヒジリ）、霊《ひ》を知《し》る、神《かみ》を知《し》るということであって、慧《え》とは天《てん》と地《ち》との主《ス》の神《かみ》に従《したが》う心《こころ》である。

証覚《しょうかく》とは覚《さと》りあかす、あかしをもって神《かみ》を覚《さと》るということである。日《ひ》の昇《のぼ》りぐあいでたいてい今《いま》は二時頃《にじごろ》だというのも覚《さと》りであるが、時計《とけい》を見《み》て何時何十分何十秒《なんじなんぷんなんびょう》だと覚《さと》ることが出来《でき》るように、あかしをもって宇宙《うちゅう》の真理《しんり》に徹《てつ》することが出来《でき》るのが証覚《しょうかく》である。『霊界物語《れいかいものがたり》』でたとえたならば、これを出《だ》されるのは智慧《ちえ》からであって、これのあらわれ即《すなわ》ち口述《こうじゅつ》してつけとめられたものは証覚《しょうかく》なのである。ゆえに『霊界物《れいかいもの》語《がたり》』は智慧《ちえ》証覚《しょうかく》を得《う》る唯《ゆい》一のものである。真善美愛《しんぜんびあい》はその証覚《しょうかく》より顕《あら》われ出《い》づるものである。それで証覚《しょうかく》は理解《りかい》ともいえる。智慧《ちえ》は本体《ほんたい》のようなもので、証覚《しょうかく》は働《はたら》きのようにもなる。仏《ぶつ》のいう無上正覚《むじょうしょうかく》とは正《ただ》しく覚《さと》るの意《い》にて、証覚《しょうかく》とは違《ちが》うのである」

（『出口王仁三郎全集』五巻・五五九頁）

○

王仁「あまり窮屈《きゅうくつ》に固《かた》めた理屈《りくつ》が今《いま》の宗教《しゅうきょう》を小《ちい》さくしているのや。人《ひと》の延《の》びるものを伸《の》ばさんからいかん。仏教《ぶつきょう》などは日本男子《にほんだんし》の睾丸《きんたま》を抜《ぬ》いてしまっている。日本男子《にほんだんし》の睾《こう》丸剔去術《がんてつきょじゅつ》をやっているんや。睾丸《きんたま》を抜《ぬ》くと活気《かっき》がなくなる、日本魂《やまとだましい》を抜《ぬ》かせる。因《いん》

………。

縁《ねん》じゃ、因果《いんが》じゃと云《い》っているが、そんなこと教《おし》えてもらわんかて自分《じぶん》で何《なん》でも知《し》っている。それが所謂《いわゆる》そのままの惟神《かむながら》や。作《つく》ったり無理《むり》にこしらえてするのは惟神《かむながら》やない。惟人《ひとながら》や。

拝《おが》むのはいやだと思《おも》うときに、神様《かみさま》の前《まえ》にいやいや出《で》かけて拝《おが》むのはそれは偽《いつわ》っているのだ。そんな時《とき》、拝《おが》んでもそれは形容丈《かたちだ》けや。心《こころ》から神様《かみさま》を拝《おが》みたいと思《おも》うとき拝《おが》むのが本当《ほんとう》や。忙《いそが》しいときなど、神様《かみさま》に気《き》が向《む》かないのに拝《おが》んでると仕事《しごと》が後《おく》れるがな。そういう時《とき》に無理《むり》に拝《おが》んでもあかんわい」

問「そんな時神様《ときかみさま》を拝《おが》んでいても、あれもせんならん、これもせんならんという色々《いろいろ》の雑念《ざつねん》が湧《わ》いて来《き》ていけませんなア」

王仁「しかし、雑念《ざつねん》というけれど、鎮魂《ちんこん》をして坐《すわ》っておっても種々《いろいろ》の事《こと》を思《おも》い出《だ》すように、無我無心《むがむしん》になるとか、精神統一《せいしんとう》をするとかいうても、統《とう》一しょうと思《おも》う心《こころ》が既《すで》に統《とう》一が出来《でき》ていない。無我無心《むがむしん》になろうと思《おも》うから無我無心《むがむしん》になれぬ。

人《ひと》というものはいくつにもその魂《たましい》が分《わか》れて動《うご》くのだ。あっちにもこっちにも魂《たましい》が分《わか》れて活動《かつどう》する。だから種々《いろいろ》思《おも》い出《だ》すのは、その分《わか》れて活動《かつどう》している魂《たましい》が思《おも》わせるのでそれをまとめる、統《とう》一するのが本当《ほんとう》の統《とう》一なのだ。思《おも》い出《だ》す事《こと》は良《よ》いのだ。忘《わす》れたことを思《おも》い出《だ》し、あっちの事《こと》を思《おも》い、こっちの事《こと》を思《おも》い一時《じ》に一切《さい》の事《こと》を思《おも》い出《だ》す。それで本当《ほんとう》に統《とう》一が出来《でき》るのだ。それが本当《ほんとう》の無我《むが》の境《きょう》なのだ。精神喪失状態《せいしんそうしつじょうたい》になるまで行《ゆ》くのが無我《むが》の境《きょう》だと今《いま》の人間《にんげん》は思《おも》っているが、それは間違《まちが》っている。そんな事《こと》をやって亡骸《なきがら》になったら大変《たいへん》や。

霊《れい》のある間《あいだ》は、天《あま》かけり国《くに》かけりして勝手《かって》な事《こと》を思《おも》い出《だ》させる。つまり神様《かみさま》は天《あま》かけり国《くに》かける、その神《かみ》に習《なら》うのが人間《にんげん》や。あっちの事《こと》やこっちの事《こと》を思《おも》うのが、それが真実《しんじつ》で、そうでなくては死《し》んだようなもんやないか。高山《たかやま》の伊保理《いほり》、短山《ひきやま》の伊保理《いほり》を掻分《かきわけ》て聞召《きこしめ》さむ……。総《すべ》て人間《にんげん》がそうなった時《とき》は、色々《いろいろ》の事《こと》を良《よ》く思《おも》い出《だ》す。その時《とき》は伊都《いづ》の千別《ちわき》に千別《ちわき》てあれもせんならん、これもせんならんという気持《きも》ちになって来《く》る。それが無我《むが》の境《きよう》で、皆《みんな》の考《かんが》えているような事《こと》とは違《ちが》う」

問「神様《かみさま》を拝《おが》みながら種々《いろいろ》思《おも》い出《だ》し、考《かんが》えたりする事《こと》は悪《わる》い事《こと》ではないのですか」

王仁「それはつまり、いろいろの事《こと》が集合《しゆうごう》して来《く》るのだから、いゝのや。それが無我《むが》の境《きよう》で、総《すべ》てが幸《さち》はうのだ。あゝしょう、こうしょうという智慧《ちえ》がついて来《く》るのだ。あっちを思《おも》い、こっちを思《おも》う、それが大本《おほもと》の無我《むが》で、今《いま》の世《よ》の中《なか》の無我《むが》とは違《ちが》う。世《よ》の中《なか》の無我《むが》とは死《し》んだ無我《むが》や。大本《おほもと》のは生《い》きた無我《むが》や」

問「それで思《おも》い出《だ》しましたが、綾部《あやべ》の祭務係《さいむがかり》にいる人《ひと》が先達《せんだつ》しておって『高天原《たかあまはら》に十三銭《せん》』と云《い》って祝詞《のりと》を奏《あ》げたことを思《おも》い出《だ》しましたが、何《なに》かの値段《ねだん》をフッと思《おも》い出《だ》して、高天原《たかあまはら》に十三銭《せん》と云《い》ったんでしょうかね」

王仁「それも統《とう》一しているのや。何《なに》もかも一ぺんに思《おも》い出《だ》して来《く》るのやからな。……しかし合致《がつち》したと、統《とう》一したとは違《ちが》う。合致《がつち》という事《こと》は一つになる事《こと》で、統《とう》一というたら何《なに》もかも一所《ひとところ》によせたのが統《とう》一なのだ。何《なに》もかも自分《じぶん》が主人公《しゆじんこう》になり、いろいろあるものをよせたのが統《とう》一や。世界統一《せかいとう》いうたら支那《しな》、アメリカ、アフリカ、日本《にほん》と皆《みな》違《ちが》った国《くに》を一つにする事《こと》が世界統一《せかいとう》やがな。いろ〳〵の事《こと》を一緒《しょ》に思《おも》うたのは、合致《がっち》したとか一つにとけ入《い》ってしまったとか云《い》うのや。合致融合《がっちゆうごう》と統《とう》一とをみな間違《まちが》って考《かんが》えている」

問「話《はな》は違《ちが》いますが、良《よ》く考《かんが》えまい考《かんが》えまいということをよく考《かんが》えることがありますが」

王仁「考《かんが》えまいというのは副守護神《ふくしゅごじん》が考《かんが》えまいとしているので、それはその先《さき》に潜在意識《せんざいいしき》というものがあるから考《かんが》えるのや」

問「ではその潜在意識《せんざいいしき》というのは、つまり本守護神《ほんしゅごしん》なんですか」

王仁「そうやがな……こういう潜在意識《せんざいいしき》のことについて話《はなし》がある。

ある時《とき》二人《り》の友人《ゆうじん》がおった。その内《うち》の一人《り》が、ある時酒《ときさけ》に酔《よ》うたあげく、片《かた》一方《ぽう》の人間《にんげん》をボロクソに云《い》うた。その云《い》われた一人《り》は恥《はじ》をかゝされたから非常《ひじょう》に怒《おこ》って、今《いま》にもなぐり倒《たお》そうと思《おも》ったが、その友《とも》が『酒《さけ》によってすまん事《こと》を云《い》うたが許《ゆる》してくれ』と地《じ》べたにへたり込《こ》んで悪《わる》かった〳〵と拝《おが》み倒《たお》して頼《たの》んだのでこっちも腹《はら》は立《た》ったが、その時《とき》は直《なお》って、仲直《なかなお》りの後《あと》二人《り》は親友《しんゆう》もたゞならぬ程《ほど》の親《した》しい仲《なか》となってしまった。丁度男同士《ちょうどおとこどうし》の夫婦《ふうふ》みたいに仲良《なかよ》くなったのや。人《ひと》から見《み》ても羨《うらや》ましい程仲《ほどなか》のよい親友《しんゆう》になってしまった。

ところがある時《とき》、その悪口《わるぐち》いうた友人《ゆうじん》が何《なに》かの事件《じけん》を起《おこ》してその許《ゆる》した男《おとこ》が証人《しょうにん》に立《た》たんならん事《こと》になった。だからその男《おとこ》は、友人《ゆうじん》の助《たす》かるように弁護《べんご》してやろうと思《おも》ったのや。その男《おとこ》の云《い》い方《かた》一つで助《たす》かりもすれば罪《つみ》にもなる、生殺与奪《せいさつよだつ》の権《けん》を握《にぎ》っているのだから……その日《ひ》になっていよいよ弁護《べんご》する事《こと》になった。ところが自分《じぶん》が云《い》ってやろうと思《おも》った事《こと》は一つも云《い》えずに、腹《はら》の中《なか》から自然《しぜん》に男《おとこ》の不利《ふり》な証言《しょうげん》ばかりが出《で》てきてベラ〳〵云《い》ってしまった。

つまりそれは何故《なぜ》かと云《い》えば喧嘩《けんか》した時《とき》、この野郎《やろう》と思《おも》った、くやしい感情《かんじょう》が表面《ひょうめん》は仲良《なかよ》くなった様《よう》に見《み》えたけれど、潜在意識《せんざいいしき》となってそれが知《し》らず〳〵の間《あいだ》に口《くち》をついて出《で》てしまったのや。あゝこんな証言《しょうげん》は云《い》うまいと思《おも》ったが自然《しぜん》に腹《はら》の中《なか》から声《こえ》が出《で》た。そして青年《せいねん》を罪《つみ》に落《おと》してしまった。つまり、それが潜在意識《せんざいいしき》なのや。
人《ひと》を残念《ざんねん》がらしたりする事《こと》は怖《こわ》い事《こと》やで……。人《ひと》を恨《うら》ませる事《こと》はとても悪《わる》い事《こと》や。人《ひと》を憎《にく》んだり、苦《くる》しめたりする事《こと》は一番悪《ばんわる》い。所謂守護神《いわゆるしゅごじん》が覚《おぼ》えているのだから、なんぼ仲良《なかよ》くしておっても何時《いつ》か仇《あだ》を打《う》つのや、本人《ほんにん》は直《なお》っておっても腹《はら》の霊《れい》が承知《しょうち》しないのだから……」

問「一度喧嘩《どけんか》したりなどした奴《やつ》は、どうしても心《こころ》の底《そこ》から親《した》しめないものですなア」

王仁「そうや、喧嘩《けんか》したらいくら後《あと》で仲良《なかよ》うしても忘《わす》れぬものや、表面仲良《ひょうめんなかよ》う見《み》えるけれど、どうしても腹《はら》が承知《しょうち》しない。俺《わし》らでもそうや。一辺俺《ぺんわし》らに背《そむ》いて神様《かみさま》から離《はな》れて行《い》ったような人間《にんげん》は、何程改心《なにほどかいしん》して神様《かみさま》の所《ところ》へもどって来《き》ても、前《まえ》のようにこちらは温《あたた》かい心持《こころも》ちがどうしても出《で》んがな。一辺背《ぺんそむ》いたら、なんぼ神心《かみごころ》のようになってもあかん。それだけの事《こと》はどうしても報《むく》うてくるからな。神《かみ》は大慈大悲《だいじだいひ》やから何事《なにごと》も許《ゆる》すとは云《い》うても、許《ゆる》されるだけの事《こと》はせんならん。罪《つみ》を償《つぐな》うだけの事《こと》をせな許《ゆる》されないものや」

問「無二《むに》の親友《しんゆう》になるという事《こと》と、以前《いぜん》に残念《ざんねん》なことがあったと思《おも》う事《こと》とは別《べつ》な心《こころ》が働《はたら》いていますね。潜在意識《せんざいいしき》というのは、実際恐《じっさいおそ》ろしいもんやね」

王仁「当《あた》って砕《くだ》ける、それは表面《ひょうめん》だけで、腹《はら》の中《なか》では承知《しょうち》していない。これが本当《ほんとう》や。なんぼ神様《かみさま》に仕《つか》えておってもな。教祖《きょうそ》はんのお筆先《ふでさき》に出《で》ている『この神《かみ》に敵《てき》とうて来《き》たら、鬼《おに》か蛇《じゃ》になるぞよ、従《したご》うて来《き》たら本当《ほんとう》に優《やさ》しい御神《おんかみ》であるぞよ』というのを読《よ》んで『そんな神《かみ》は偽神《にせがみ》じゃい』と俺《おれ》は初《はじ》め思《おも》った。それじゃ人間《にんげん》と同《おな》じじゃないかと思《おも》ったが、神人合一《しんじんごう》すればする程《ほど》お筆先通《ふでさきどお》りや」

問「人間《にんげん》でも喧嘩《けんか》したら、出来《でき》るだけ怒《おこ》って、云《い》いたい事《こと》をいってしまったら良《よ》くなりそうに思《おも》いますが、良《よ》くならないんでしょうか」

王仁「それはならん。一辺《ぺん》そんな事《こと》があると表面《ひょうめん》は丸《まる》く治《おさ》まっているようでも、何《なに》かあると、その事《こと》が現《あら》われて来《き》てひどい目《め》に合《あ》わされるものや。白紙《はくし》に墨《すみ》がついたようなものやから、何《なん》ぼ洗《あろ》うたかて駄目《だめ》や」

問「喧嘩《けんか》も夫婦喧嘩《ふうふげんか》は、夫婦《ふうふ》は前世《ぜんせ》において仇敵《きゅうてき》のため神《かみ》の恵《めぐみ》によって夫婦《ふうふ》となり愛欲《あいよく》のキズナにしばられて云々《うんぬん》、ということを耳《みみ》にしたことがありますが、そんな因縁《いんねん》てあるのですか」

王仁「そんな事《こと》あるものか、夫婦喧嘩《ふうふげんか》は犬《いぬ》も食《く》わんと古《いにしえ》からいう位《くらい》で、仲裁《ちゅうさい》に入《はい》るもんやない位《くらい》のものや。そんな馬鹿《ばか》なことがあるものか。これは親子《おやこ》よりも仲《なか》の深《ふか》いもので、西洋人《せいようじん》がいっているように夫婦《ふうふ》の間《あいだ》というものは、親《した》しい因縁《いんねん》の多《おお》いもんや」

問「夫婦《ふうふ》は前世《ぜんせ》で仇敵《きゅうてき》だったというような事《こと》は、嘘《うそ》なんですか」

王仁「そうやとも、嘘《うそ》にきまっとるわい。夫婦《ふうふ》というものは子《こ》にも話《なは》せんことでも夫婦《ふうふ》は互《たが》いに話《なは》し合《あ》う。子《こ》でも大《おお》きくなると遠慮《えんりょ》せんならんくらいやないか。夫婦《ふうふ》は本当《ほんとう》の相談相手《そうだんあいて》で親《おや》よりも親《した》しい間柄《あいだがら》のもんや。すべてまさかの時《とき》、本当《ほんとう》の力《ちから》になるのは夫《ふう》婦《ふ》ばかりじゃないか。夫婦相和《ふうふあいわ》しなんていわんかてチャンと相和《あいわ》するように出来《でき》ているじゃないか」

問「夫婦相和《ふうふあいわ》しというのは、そうなんですか。チャンと和合《わごう》するように生理的《せいりてき》に出来《でき》ているのですな」

王仁「それは互《たが》いに喧嘩《けんか》せんよう仲良《なかよ》くせい、という意味《いみ》でいうたものや。始《はじ》から、融和《ゆうわ》するのが本当《ほんとう》だ。しかし夫婦《ふうふ》にも精神的夫婦《せいしんてきふうふ》と形式的夫婦《けいしきてきふうふ》の二つがある。本当《ほんとう》の心《こころ》と心《こころ》が合《お》うておらん夫婦《ふうふ》があるが、それは無理《むり》に引《ひ》っ付《つ》けたんで本当《ほんとう》の夫婦《ふうふ》じゃない」

問「そういう因縁《いんねん》なんですか」

王仁「因縁《いんねん》じゃない。地位《ちい》とか名誉《めいよ》とか財産《ざいさん》とか義理《ぎり》とか人情《にんじょう》とか、いろ〳〵のことにからまれて自分《じぶん》の本心《ほんしん》を次《つぎ》にしてしまうた罪《つみ》や。それは自分《じぶん》の造《つく》った結果《けっか》や、自分《じぶん》の蒔《ま》いた種《たね》を大《おお》きく成長《せいちょう》さして自分《じぶん》が刈《か》り取《と》ることと同《おな》じことや」

問「喧嘩《けんか》でも色々種類《いろいろしゅるい》があると思《おも》います。文王一度怒《ぶんおうひとたびいか》って天下治《てんかおさ》まる。あゝ云《い》う式《しき》の喧《けん》嘩《か》はいくらしたっていゝとおもいますが」
王仁「それは公憤《こうふん》と云《い》うものや。喧嘩《けんか》やない」
（『出口王仁三郎と青年座談会』、『昭和青年』昭和六年九月〜十月号）

○

問「『霊界物語《れいかいものがたり》』を拝読《はいどく》しますとよい御内流《ごないりゅう》を頂《いただ》くのは、あれはどういう風《ふう》に解釈《かいしゃく》したらいゝもんで御座《ござ》いましょうか」
王仁「それは霊魂《れいこん》の餌食《えじき》が殖《ふ》えるからや。肉体《にくたい》に餌《え》がいるように霊魂《れいこん》にも餌《え》がいるやろ。そして犬《いぬ》には犬《いぬ》の喰物《くいもの》があり、猫《ねこ》には猫《ねこ》の喰物《くいもの》があり、人《ひと》には人《ひと》の喰物《くいもの》がある。そうやさかい、あの物語《ものがたり》でも人《ひと》によっては適当《てきとう》せんことがあるがな。天理教《てんりきょう》は天理教《てんりきょう》ので満足《まんぞく》しているやろ、天理教《てんりきょう》の信者《しんじゃ》はあれでないといかん。大本《おほもと》の話《はなし》をしても判《わか》らん。そして大本《おほもと》の信者《しんじゃ》やって矢張《やは》りそうや、天理教《てんりきょう》の話《はなし》なんかしても聞《き》いておれん。霊魂《れいこん》の餌食《えじき》にはならん、そして向《むこ》うは（天理教徒《てんりきょうと》）向《むこ》うでふとらん。犬《いぬ》は犬《いぬ》、牛《うし》は牛《うし》でみなそれに応《おう》じた喰物《くいもの》があるようなもんや。ただそれに応《おう》じて智慧《ちえ》証覚《しょうかく》の度合《どあい》が違《ちが》うだけである。天国《てんごく》の団体《だんたい》も違《ちが》うその代《かわ》りに……」

問「そうすると大本《おほもと》の天国《てんごく》は大本人《おほもとじん》だけで御座《ござ》いますか」

王仁「それはそうやとも意志想念《いしそうねん》が合《お》うたもんやないと寄《よ》れんがな……天国《てんごく》の一番《ばん》の創《そう》立者《りつしゃ》は教祖《きょうそ》さんや、霊国《れいごく》の創立者《そうりつしゃ》はわしや、わしの霊性《れいせい》が大神《おおかみ》の内流《ないりゅう》を受《う》けて動《うご》いているのや」

問「仏教《ぶつきょう》を信《しん》じていた人《ひと》が亡《なく》くなりましたのを、祭《まつ》り代《か》えいたしますとどうなりますでしょうか」

王仁「それは祀《まつ》り代《か》えてやると地獄《じごく》に堕《お》ちているものでもそれで助《たす》かってくるのや、神《かみ》は絶対《ぜったい》の権威《けんい》やし、絶対《ぜったい》の愛《あい》やから、その血《ち》の通《かよ》うた子孫《しそん》がお祭《まつ》り代《か》えをやれば、その先祖《せんぞ》が改心《かいしん》したと同《おな》じことになるんや。何故《なぜ》というと自分《じぶん》の昔《むかし》の父母《ふぼ》であり、また先《せん》祖《ぞ》は自分《じぶん》の昔《むかし》の身体《からだ》である……自分《じぶん》の父は昔《むかし》の自分《じぶん》の身体《からだ》やさかい、その子孫《しそん》が祈《いの》れば地獄《じごく》に堕《お》ちていても許《ゆる》されるにきまっている。木《き》にたとえて見《み》たら、親《おや》が根本《ねもと》の幹《みき》で、それから枝《えだ》が四方八方《ほうぼう》に出《で》ている。同《おな》じ木《き》の幹《みき》から出《で》た枝《えだ》やさかい、幹《みき》がふとれば同《おな》じように枝《えだ》も繁《しげ》って行《ゆ》く、先祖《せんぞ》と子孫《しそん》は同《おな》じ系統《すじ》やさかいに先祖《せんぞ》が良《よ》くなれば子孫《しそん》が良《よ》くなり、子孫《しそん》がよくなれば先祖《せんぞ》も同《おな》じようによくなるのや」

問「物語《ものがたり》の中《なか》にお玉《たま》の方《かた》でしたか夫《おっと》なくして子供《こども》を生《う》むということがありましたが、あゝいうことがあるもので御座《ござ》いましょうか、例《たと》えばキリストにしても……」

王仁「あれはね、夫《おっと》なくして子供《こども》を持《も》つということは、神様《かみさま》からもらった子《こ》や、他人《ひと》が生《う》んだのを自分《じぶん》がもろうたけれども言葉《ことば》の綾《あや》であゝいう風《ふう》に書《か》いてあるのや。つまり、どうしても夫婦《ふうふ》の間《あいだ》に子《こ》がないやろ、そうすると家《いえ》をつがす子孫《しそん》がない。そんな時《とき》に神様《かみさま》はある他方面《たほうめん》の子供《こども》をよく生《う》む人《ひと》の所《ところ》に行《い》って生《うま》しておかれるのや、三人《にん》も五人《にん》も生《う》んでる、それを産土《うぶすな》の神《かみ》と産土《うぶすな》の神《かみ》との間《あいだ》にいゝように契約《けいやく》が出来《でき》て、人間《にんげん》がお願《ねが》いすると都合《つごう》よく自分《じぶん》の家《いえ》の血統《けっとう》の子《こ》をもらうことが出来《でき》るのや。そんな子《こ》は自分《じぶん》の家《いえ》の先祖《せんぞ》が他家《よそ》へ生《うま》れて来《き》ているのや。だから初《はじ》めての養子《ようし》を帰《かえ》してしまったら、その家《いえ》はうまくおさまらん。そこへ来《く》るべき者《もの》やからな。赤《あか》の他人《たにん》をもろうたと思《おも》うたら違《ちが》う。初《はじ》めて来《き》た養子《ようし》というものは今言《いまい》ったように自分《じぶん》のところの血統《けっとう》である。何代前《なんだいまえ》の先祖《せんぞ》か親《おや》が生《うま》れて来《き》ている。ある便宜上《べんぎじょう》、そういうことを神様《かみさま》がそうしておられるのや」

問「聖書《せいしょ》のマリヤの処女懐胎《しょじょかいたい》というような、あゝいうことはあり得《う》べきことで御座《ござ》いましょうか」

王仁「それは処女懐胎《しょじょかいたい》というても………そりゃ処女《しょじょ》でも懐胎《かいたい》するでよ………処女《しょじょ》でもするようなことをしたら懐胎《かいたい》するが………、しかし本当《ほんとう》は相手《あいて》がなくて原因《げんいん》なしに子《こ》が出《で》来《き》るということはない」

問「そうするとキリストは私生児《しせいじ》だという説《せつ》が本当《ほんとう》らしゅう御座《ござ》いますね」

王仁「そういうはずがないでの。しかしお釈迦《しゃか》さんが脇《わき》から出来《でき》たというけれどもあれは神《かみ》の右《みぎ》に坐《ま》すとか左《ひだり》に坐《ま》すとかいうやろ、そういう左《ひだり》のわき（脇《わき》）というような意味《いみ》で仏《ほとけ》のわき立ちとしての智慧《ちえ》をもって現《あらわ》れたということであって、仏《ほとけ》のわきだちとなるべき資格《しかく》をもって生《うま》れて来《き》たから脇《わき》から生《うま》れて来《き》たということになる。やはり親《おや》が種《たね》を蒔《ま》いたと同時《どうじ》に聖霊《せいれい》が母親《ははおや》の体内《たいない》にやどったので、脇《わき》から出《で》たということはそういう意味《いみ》である。ある人《ひと》は殊更神聖《ことさらしんせい》らしくしょうと思《おも》うて、女《おんな》の陰部《いんぶ》から出《で》たということを否定《ひてい》し、攻撃《こうげき》する人《ひと》があるがそれも間違《まちが》っているのや……」

◆「釈迦《しやか》は西暦紀元前《せいれききげんぜん》五五七年即《ねんすなわ》ち大正《たいしょう》五年《ねん》を距《へだ》たること二四七二年前《ねんまえ》、インドの一王族《おうぞく》の子《こ》として妻《つま》も子《こ》もあった人《ひと》で、人《ひと》として生《うま》れたものに違《ちが》いないのであります。またキリストとても、一九一六年前《ねんまえ》にユダヤの国《くに》においてヨセフを父《ちち》とし、マリアを母《はは》として生《うま》れた人《ひと》に相違《そうい》はないのであります」

（『出口王仁三郎全集』二巻・五七頁）

問

「物語《ものがたり》にお玉《たま》の方《かた》が十八ケ月《げつ》もかゝって子供《こども》を生《う》んだとありますが、あれは三六様《みろくさま》の霊《れい》という綾《あや》なんでしょうね」

王仁「そうやとも三六、十八やでの」

問「支那人《しなじん》は十八ケ月位《げつくらい》の者《もの》はよくあるって侯さんがいっていましたが、やはりそんなことがあるのでしょうか。そして只《ただ》の三ケ月《げつ》というのもあるそうですが」

王仁「胎《はら》んだり、ずったり、また次《つぎ》に出来《でき》たり、あるいは色々《いろいろ》なことがあるのやな。しかし十八ケ月《げつ》というのは、それはないでよ、わしは支那《しな》に大分《だいぶ》行って調《しら》べて見《み》たけれども。生理学上《せいりがくじょう》からどうしてもそういう訳《わけ》に行《ゆ》かんもん。馬《うま》は十二ケ月《げつ》や、三百四十五日《にち》で生《うま》れる。牝馬《めうま》なら三百四十日《にち》、牛《うし》が二百八十五日《にち》、牝牛《めうし》が二百八十日《にち》、人間《にんげん》も女《じょ》子《し》は二百八十日《にち》、男《おとこ》は二百八十五日《にち》、それから遅《おそ》うなれば晩産《ばんさん》、三日《か》でも遅《おく》れると遅《おそ》産《ざん》。早産《そうざん》は少《すこ》しそれより早《はや》かったら早産《そうざん》というのや。中《なか》にはもっと早《はや》く生《うま》れるのもあるけれども、これは母体《ぼたい》が弱《よわ》かったりなんかして、保《たも》ちかねて出《で》るんやな」

問「男《おとこ》はなんぼ生《うま》れ変《かわ》っても男《おとこ》で、そしてまた女《おんな》は女《おんな》なんでしょうか」

王仁「そんなことはない。男女《だんじょ》の区別《くべつ》が出来《でき》るのは母《はは》の体内《たいない》にはいってからや。それから変《かわ》って来《く》るのや。女《おんな》ばかり放《ほ》っておくと、一緒《しょ》に寝《ね》ないで一人《り》で寝《ね》かしておくと概《がい》して女《おんな》ばかり生《うま》れるのや。わしがそうやろ。あれは一緒《しょ》に寝《ね》んさかいや……家《いえ》が小《ちい》そうて親爺《おやじ》と嬶《かか》がひっついて寝《ね》ていると男《おとこ》の子《こ》の方《ほう》が比較的多《ひかくてきおお》く生《うま》れる。それは男《おとこ》の気《き》がうつって来《く》るからやがな。普通《ふつう》三ケ月位《げつくらい》は男女《だんじょ》が定《き》まっておらん、三ケ月後《げつご》に男《だん》女《じょ》が定《きま》って来《く》る。医学者《いがくしゃ》はなんというか知《し》らんが霊学《れいがく》の方《ほう》からいうとそうや。霊子《れいし》が、天人《てんにん》が天上《てんじょう》で交合《こうごう》するときに（もっとも現界《げんかい》の人間《にんげん》のようなことはせんけれども）その時《とき》に天人《てんにん》が出《だ》した霊子《れいし》が、天人《てんにん》の関係《かんけい》（感染《かんせん》）しておるところの現界《げんかい》の人々《ひとびと》に……、つまり、それがふっと感《かん》じたときに地上《ちじょう》の人間《にんげん》に、またそういう観念《かんねん》が起《おこ》って来《き》て、その時《とき》にパッと入《はい》って来《く》るのやな」

問「その霊子《れいし》が入《はい》って来《く》る時《とき》には霊子《れいし》が男性《だんせい》であるか、女性《じょせい》であるか区別《くべつ》がついているんでしょうか」

王仁「それはないね、天国《てんごく》では男女《だんじょ》一体《たい》だから。夫婦《ふうふ》は一人《り》とみなしているから、その時《とき》に地上《ちじょう》で感《かん》じた夫婦《ふうふ》には本当《ほんとう》によい子《こ》が出来《でき》るのや。」「……。」「生《うま》れかわって来《く》るのも多《おお》い。出直《でなお》しという奴《やつ》が沢山《たくさん》ある。霊界《れいかい》で死《し》んだら生《うま》れたのや、現界《げんかい》に生《うま》れて来《く》るのは死《し》ぬようなものじゃ。そして人《ひと》は生《うま》れる時《とき》が一番苦《ばんくる》しいんやで。生《せい》・老《ろう》・病《びょう》・死《し》の四苦《く》というが、その中《なか》で生《せい》の苦《くる》しみが一番大《ばんおお》きいのであり小《ちい》さい身体《からだ》で力《ちから》がない。それが膣《ちつ》の中《なか》にはいっている。そして頭《あたま》の形《かたち》が変《かわ》る程《ほど》、苦《くる》しい目《め》をして出《で》る。自分《じぶん》で出《で》るんやないが子宮《しきゅう》が緊縮《きんちょう》する。しぼって来《く》るからおりるようになって陰門《いんもん》に向《む》けて出《で》て来《く》るんやさかい、その時《とき》の苦《くる》しさは何《なに》よりも苦《くる》しいものである、何《なん》ともかんともいえん。それで「ワッ」と泣《な》くんやがな」

問「生《うま》れる前《まえ》から神様《かみさま》のいゝ御用《ごよう》をする人《ひと》と、邪魔《じゃま》をする人《ひと》とが運命《うんめい》づけられているのでしょうか」

王仁「そんなことはない。悪《わる》いことをしょうという者《もの》は一人《り》もいない。先天的《せんてんてき》に悪《わる》い者《もの》はない」

問　「物語《ものがたり》の中《なか》に絶《た》えず善《ぜん》と悪《あく》との戦《たたか》い、ゴタゴタしたところがありますが」

王仁「仲善《なかよ》う遊《あそ》ぶことぐらい誰《だれ》でもわかっているがな。それでそんな所《ところ》は説明《せつめい》していない。そして、残虐《ざんぎゃく》な所《ところ》もとばしてあるやろ。そんな場面《ばめん》は表《あら》わしていない加減《かげん》して。そんなことは思《おも》っておっても地獄《じごく》に魂《たましい》が引入《ひきい》れられる。地獄《じごく》の事《こと》をいっても地獄《じごく》に魂《たましい》が引《ひ》き入《い》れられる。口《くち》に出《だ》して饒舌《じょうぜつ》っても魂《たましい》が地獄《じごく》に引入《ひきい》れられる。それが苦《くる》しいからチョットだけ思《おも》わせて直《す》ぐ止《や》めにしてあるのや。また実際《じっさい》は地獄《じごく》のことなんか書《か》いてやる必要《ひつよう》がないのや、めいくが地獄《じごく》に行《ゆ》かんつもりであったならば。人間《にんげん》は天《てん》国《ごく》に登《のぼ》るべく精霊《せいれい》は素質《そしつ》をもって生《うま》れて来《き》ているから……大地《だいち》に種《たね》を蒔《ま》いてもみな空《そら》に向《むか》いてはえるのばかりや。地《じ》べたに向《むか》いてのびて行《ゆ》くのはない。人間《にんげん》の精霊《せいれい》もみなそうである。それから地獄《じごく》に行《ゆ》く者《もの》は自《みずか》らよい所《ところ》やと思《おも》うて地獄《じごく》に墜《お》ちて行《ゆ》くのや。地獄《じごく》がこわいと思《おも》うて行《ゆ》くのやないのや、こんなもんやと思《おも》うている。優勝劣《ゆうしょうれつ》敗《ぱい》やから現界《げんかい》は地獄《じごく》の型《かた》やな。修羅畜生《しゅらちくしょう》の世《よ》の中《なか》になっている。なんぼえらい地獄《じごく》に行《い》ってもわしは現界《げんかい》よりそう難《むずか》しい地獄《じごく》には行《い》かんと思《おも》うている」

問「そうすると現界《げんかい》で死《し》んで中有界《ちゅううかい》に行《い》くと大喜《おおよろこ》びで御座《ござ》いますか」

王仁「そうや、大祥殿《たいしょうでん》のような……教会《きょうかい》は皆天国《みなてんごく》に行《ゆ》くか地獄《じごく》に行《ゆ》くかと迷《まよ》うところやさかい、五六七殿《みろくでん》も大祥殿《たいしょうでん》も八衢《やちまた》やでよ」

問「直会《なおらい》があって、お神酒《みき》も出《で》るんですからいゝですね」

王仁「天国《てんごく》に登《のぼ》る人《ひと》はあすこへ来《く》る必要《ひつよう》はない。そんな人《ひと》はあんな話《はなし》は聴《き》く必要《ひつよう》がない。聴《き》かんでもわかっている、教会《きょうかい》が八衢《やちまた》だから現界《げんかい》は地獄《じごく》にきまっておる。その八衢《やちまた》の教会《きょうかい》が白壁《しらかべ》のせゝゝちんみたいになってしもうているから困《こま》るのやがな。外《そと》から見《み》ると綺麗《きれい》なようだが中《なか》は糞《くそ》だらけで鼻持《はなも》ちならぬ」

問「外国人《がいこくじん》が大本《おほもと》に入信《にゆうしん》しました時《とき》、礼拝《れいはい》はどうなりますでしょうか」

王仁「外国《がいこく》は外国通《がいこくどお》りやればよい」

問「そうすると神床《かんどこ》なんか作《つく》って神様《かみさま》を奉斎《ほうさい》した時《とき》にはどうなるんで御座《ござ》いますか」

王仁「奉斎《ほうさい》したり、習慣《しゆうかん》によってしなかったりするけれども、別《べつ》に奉斎《ほうさい》せんでも、なんか形《かたち》のあるものでも拵《こしら》えて目標《もくひよう》にしておればよい。日本人《にほんじん》は神《かみ》に仕《つか》えるべき人間《にんげん》として出来《でき》ている。そして外国人《がいこくじん》は祈《いの》るために出来《でき》ている。日本《にほん》は顕斎《けんさい》の国《くに》である。つまり形《かたち》の上《うえ》で祭《まつ》るということになっている。外国《がいこく》の方《ほう》はただ天《てん》の神《かみ》を信《しん》じたらよい。祈《いの》ったらよい。祭式《さいしき》なんかするのは、………日本《にほん》は世界《せかい》の親国《おやぐに》やろが、つまり村中《むらじゆう》の人《ひと》は祈《いの》っておっても神主《かんぬし》だけが氏神様《うじがみさま》のお守《まも》りをして祭《まつ》っているようなものや。日本《にほん》人《じん》が神様《かみさま》を大切《たいせつ》にしてお祭《まつ》りをすれば外国《がいこく》まで助《たす》かるのや。世界中《せかいじゆう》の人《ひと》が助《たす》かるのや。それが日本人《にほんじん》の使命《しめい》やがな。………外国人《がいこくじん》は写真《しやしん》ばかり祭《まつ》っている」………。

問「チェコスロバキヤのツィベラという女《おんな》の人《ひと》が宣伝使《せんでんし》になり、御手代《みてしろ》を頂《いただ》きましたので、より詳《くわ》しく説明《せつめい》をつけて送《おく》ってあげましたが、その後手紙《ごてがみ》がまいりまして、自分《じぶん》のお母《かあ》さんに御手代《みてしろ》のお取次《とりつぎ》をしたそうです、けれどもお陰《かげ》を頂《いただ》かないといっておりました。そして自分《じぶん》のやり方《かた》が悪《わる》かったんじゃないだろうかと図《ず》まで書《か》いてよこしたんですが……」

王仁「しばらくのせていたらいゝのやがな、手《て》でなでゝ、手《て》をのせているとよくぬくもるのと同《おな》じことやがな」

問「もったいないから離《はな》してやるようにといってやったんですが」

王仁「患部《かんぶ》にのせたらえゝんやが、紙《かみ》か何《なに》かにまいておいてピッタリと病気《びょうき》の箇所《かしょ》にあてゝおいたらよい」

問「お母《かあ》さんの方《ほう》が体内《たいない》に熱《あつ》いものが流《なが》れるのを感《かん》じておられます」

王仁「熱《あつ》いのは神《かみ》の光《ひか》りを与《あた》えられている。モウしばらくやっておったら出来《でき》るのや。なんやな、御手代《みてしろ》のお取次《とりつぎ》も度《たび》かさねて行《ゆ》かんとあかんな。一ペン位《くらい》じゃあかんでよ」

問　……

問「こんどキリストが再臨《さいりん》されてエルサレムに行《ゆ》かれますとお宮《みや》が建《た》つといわれますが、そのお宮《みや》は向《むこ》うの形式《けいしき》で建《た》つのでしょうか」

王仁「エルサレムというのは綺麗《きれい》なとか、至聖所《しせいしょ》という意味《いみ》やでよ。すでに降臨《こうりん》してお宮《みや》は建《た》っているのや。そして壊《こわ》されたのや。綾部《あやべ》の鶴山《つるやま》も三度《ど》こわされたのやで」

問「三度目《どめ》でございますか」

王仁「熊野神社《くまのじんじゃ》もこわされて下《した》に行《い》った。その前《まえ》に天照大神《あまてらすおおかみ》がお祭《まつ》りしてあった。……それから平重盛《たいらのしげもり》も本宮山《ほんぐうやま》に居《お》ったことがある。重盛《しげもり》が以仁親王《もちひとしんのう》を助《たす》けてそれで重盛《しげもり》を頼《たよ》ってこられた。それを重盛《しげもり》の部下《ぶか》が知《し》らんもんやさかいあすこで打《う》ってしもうたんや。重盛《しげもり》は自分《じぶん》の意志《いし》が通《つう》じなかったから申訳《もうしわけ》がないから自殺《じさつ》してしまったんや。ほかのことで死《し》んだように歴史《れきし》には書《か》いてあるが、本当《ほんとう》はあすこで……本宮山《ほんぐうやま》で死《し》んだのや。本宮山《ほんぐうやま》に黒髪《くろかみ》の大明神《だいみょうじん》という名《な》にして祭《まつ》ってある。誰《だれ》かわからなかったが、霊界《れいかい》で調《しら》べたら重盛《しげもり》やった。そして以仁親王《もちひとしんのう》を部下《ぶか》の者《もの》が討《う》ち奉《たてまつ》ったから申訳《もうしわけ》がなくて切腹《せっぷく》したのやった。歴史《れきし》にないけれどわしが高熊山《たかくまやま》で霊界《れいかい》へ行《い》ったところ、霊界《れいかい》で見《み》たんや。それからヨルダン河《がわ》というけれども、ダンはランという言葉《ことば》の訛《なまり》でヨルラン河《がわ》という事《こと》や、由良川《ゆらがわ》はヨルラン川《がわ》や。わしの歌《うた》にヨルダン河《がわ》というのが出《で》て来《く》るが、それは和知川《わちがわ》のことをいうてるのや。

それからシオン山《ざん》ということは日本《にほん》というような意味《いみ》になっているが、弥仙山《みせんざん》がシオンになっている。弥仙山《みせんざん》というのは後《のち》に弥仙山《みせんざん》というたけれども初《はじ》めは金峰山《きんぷせん》、または丹波富士《たんばふじ》と謂《い》うたのや。そしてシオンというのはフジというのにも通《かよ》うのや。日高見《ひだかみ》の国《くに》は外国《がいこく》にもある。日高見《ひだかみ》の国《くに》というのは日《ひ》のあたる高《たか》い国《くに》という意味《いみ》で総《すべ》て海《うみ》から離《はな》れた所《ところ》の陸地《りくち》のかわいた所《ところ》は皆日高見《みなひだかみ》の国《くに》である。日高見《ひだかみ》の国《くに》をやすくにと平《たい》らけく安《やす》らけく………やろ」

問　『霊界物語《れいかいものがたり》』に聖師《せいし》は外国人《がいこくじん》の側《そば》にジッと坐《すわ》って聞《き》いていると意味《いみ》が判《わか》ると書《か》いてありますが」

王仁「なんや知《し》らんけど判《わか》る。言葉《ことば》やなしに判《わか》る。腹《はら》の中《なか》で知《し》っとるのやな。わしは知《し》らんけれど腹《はら》の中《なか》で知《し》っている。言葉《ことば》やなんかは知《し》らんけれども、そんな事《こと》を一々吟味《ぎんみ》してはおらんけれどもなんだか判《わか》って来《く》るのや。支那人《しなじん》と話《はな》しておっても大抵《たいてい》わかっている。こっちから話《はなし》はようせんけれども早口《はやくち》でなくゆっくり言《い》うてくれると判《わか》る」

問　「歯《は》がなくなった者《もの》が霊界《れいかい》に行《い》ったらどうなりますか。入《い》れ歯《ば》でもしておけば少《すこ》しはいゝでしょうか」

王仁「そんな事《こと》はない。意志想念《いしそうねん》で元《もと》の通《とお》りになる。跛足《はそく》でも片目《かため》でも元《もと》の通《とお》りになる」

問　「ワードの死後《しご》の生活《せいかつ》を読《よ》んでみると、足《あし》の一本《ぽん》なかった人《ひと》が死《し》ぬと矢張《やは》り足《あし》が一本《ぽん》しかないように出《で》ていましたが」

王仁「現界人《げんかいじん》が霊界《れいかい》にいった時《とき》にはその一本足《ぽんあし》の男《おとこ》という観念《かんねん》があるから、その元《もと》の姿《すがた》を一度見《み》せんとその人《ひと》に判《わか》らない。六十で死《し》んだおやじさんなら、一度《ど》はその六十歳《さい》のおやじの姿《すがた》になって見《み》せる。こっちの想念《そうねん》が六十歳《さい》のおやじさんと思《おも》っているから、その想念《そうねん》で向《むこ》うに行《ゆ》くからそうして見《み》せるのである。そうでなくて自分《じぶん》の足《あし》なら足《あし》が一本《ぽん》なかったとするな、ところが死《し》んだら元《もと》の様《よう》についてるが、現界《げんかい》の時《とき》の自分《じぶん》の不《ふ》自由《じゆう》な習慣《しゅうかん》で足《あし》がないもんやと想念《そうねん》できめているさかい……霊界《れいかい》は想念《そうねん》の世界《せかい》やろ……折角立派《せっかくりっぱ》な足《あし》が出来《でき》ておっても跛《びっこ》をひいて歩《ある》いている者《もの》が中《なか》にはある。そんな人間《にんげん》は現界《げんかい》にいた時《とき》に霊的《れいてき》の事《こと》を知《し》らなかったから死《し》んでもそんな不自由《ふじゆう》をするのや」

問「霊界《れいかい》に対《たい》する無智《むち》というものは恐《おそ》ろしいものですな」

王仁「死《し》んだら足《あし》が出来《でき》るもんだと思《おも》うておれば出来《でき》るのである。そんな人間《にんげん》は死《し》んでからも跛《びっこ》やと思《おも》い込《こ》んでいるから、その想念《そうねん》で今《いま》いうたようなことになるのや。現界《げんかい》では跛《びっこ》だが死《し》んだら、これでよい身体《からだ》になると思《おも》うていると神様《かみさま》が癒《なお》して下《くだ》さると思《おも》っているとそれでよい。わしは霊界《れいかい》のことで高熊山《たかくまやま》の修業《しゅぎょう》のときに、色々《いろいろ》なことを見《み》せてもろうて何処《どこ》もかも行《い》って見《み》たから死後《しご》の世界《せかい》ということは非常《ひじょう》に信《しん》じているから何時《いっし》死んだということが解《わか》らんようなことがあるな。わしは蒙古《もうこ》から帰《かえ》って六ケ月《げつ》程《ほど》は辞世《じせい》まで詠《よ》んで死《し》んだと思《おも》うているから、帰《かえ》って来《き》て大阪《おおさか》の牢《ろう》に入《い》れられた。ハテナ、霊界《れいかい》にいるのかな。皆訪《みなたず》ねて来《く》るが、霊界《れいかい》の大阪《おおさか》かいな。現界《げんかい》の大阪《おおさか》かいな……というような調子《ちょうし》でとうく六ケ月《げつ》はどうしても現界《げんかい》だか、霊界《れいかい》だかわからなかった。撃《う》たれると観念《かんねん》しておったから……霊界《れいかい》に行《ゆ》くと思《おも》うておったから……」

問「人間《にんげん》が死《し》んだとき、その前《まえ》で墓前祭《ぼぜんさい》をすると、その人《ひと》はどう思《おも》っているでしょうか」

王仁「そんな時分《じぶん》にはそこら辺《へん》にうろついてなんかおれへん。その時分《じぶん》に墓前《ぼぜん》にいるような者《もの》なら迷《まよ》うているんやな。もう霊界《れいかい》に行《い》ってしもうてるよ。行《ゆ》くときに自分《じぶん》の死体《したい》の横《よこ》たわっているのを極《きわ》めて無意識《むいしき》な表情《ひょうじょう》でそして幾分冷笑的《いくぶんれいしょうてき》に見《み》るくらいなもんや。わしも蒙古《もうこ》で自分《じぶん》のやられている姿《すがた》を見《み》て、霊《れい》だけ脱出《だっしゅつ》して行《い》ったんだがな、それで現界《げんかい》か霊界《れいかい》か当分《とうぶん》わからなかったんや。あまり手廻《てまわ》しが早《はよ》うすぎてな……、それがために後《あと》から迷《まよ》うて仕様《しよう》がない」

問「迷《まよ》っては天国《てんごく》にいらっしゃれませんね」

王仁「ウン迷《まよ》うてまた現界《げんかい》へ戻《もど》ってきたのじゃ」

問「霊界《れいかい》で霊体《れいたい》をもったものが地上《ちじょう》にまた再生《さいせい》するときにその霊身《れいしん》はどうなりますか、小《ちい》さくなれるのでしょうか」

王仁「大小《だいしょう》どうにでもなる。そしてまた肉体《にくたい》にはいるのだから、便利《べんり》なものじゃ。自分《じぶん》で小《ちい》さくもなれば大《おお》きくもなれる。それで十里《り》四方《ほう》は宮《みや》の中《うち》……こんなチッポケなお宮《みや》でも十里《り》四方《ほう》にでも拡大《かくだい》する。横山《よこやま》のごとく置《お》きたらはして……ほんのこれだけ程《ほど》そなえても霊界《れいかい》では横山《よこやま》のごとくなって来《く》る。言霊《ことたま》の幸《さち》はう国《くに》だから、言霊《ことたま》でそうなってくる。それでこの世《よ》の中《なか》でつまらん〳〵と思《おも》うて暮《くら》しているとなんぼでもつまらんようになって来《く》る。呪《のろ》えば呪《のろ》うようなことが出《で》てくる。世《よ》の中《なか》がそうなってくるのだ。みんなその気《き》になれば不景気《ふけいき》もふっとんでしまう」

問「自分《じぶん》でお供《そな》えが少《すく》ないと思《おも》っていても、口《くち》に横山《よこやま》のごとくといっておれば霊界《れいかい》でもそうなっておりますか」

王仁「そうだ、心《こころ》で少《すく》ないと思《おも》っておっても霊界《れいかい》では言霊《ことたま》に出《だ》しさえすればそうなって来《く》るのだ。何《なに》もわざ〴〵少《すく》ないお供《そな》えを見《み》て、多《おお》いなと思《おも》うように努力《どりよく》する必要《ひつよう》はない」

（『出口王仁三郎と青年座談会』、『昭和青年』「霊界問答」昭和七年五月～一一月号　抜粋）

（二）神霊問答

問「霊夢《れいむ》についてお伺《うかが》いしたいのですが」

王仁「夢《ゆめ》のことか。じゃ、夢《ゆめ》の種類《しゆるい》から言《い》わねばならぬが、神夢《しんむ》、霊夢《れいむ》、実夢《じつむ》、虚夢《きよむ》、雑《ざつ》夢《む》、悪夢《あくむ》というのがある。神夢《しんむ》というのは、神《かみ》が姿《すがた》を現《あら》わして、あるいは白衣《びゃくい》の老人《ろうじん》が現《あら》われたとか、あるいはわしの姿《すがた》が現《あら》われたとかして、そこで色々《いろいろ》のことを教《おし》える。というようなのが神夢《しんむ》じゃ。霊夢《れいむ》というのはもう少《すこ》しぼんやりしておって、あるいは太陽《たいよう》が出《で》たとか、富士山《ふじさん》に登《のぼ》ったとか、あるいは鷹《たか》が来《き》たとか、そういうような瑞祥《ずいしょう》の夢《ゆめ》を見《み》るときや、それを秩序整然《ちつじょせいぜん》と初《はじ》めから終《しま》いまで憶《おぼ》えているのが霊夢《れいむ》や。しかし霊夢《れいむ》には良《よ》いものも悪《わる》いのもある。この前《まえ》にこういう霊夢《れいむ》を見《み》た者《もの》があった。葬礼《そうれい》の夢《ゆめ》というのは納《おさ》まるというて非常《ひじょう》に良《よ》い夢《ゆめ》やというのや。古《いにしえ》から鷹《たか》の夢《ゆめ》というのは、一富士《ふじ》、二鷹《たか》でよい夢《ゆめ》ということになっている。それから黍《きび》の夢とか粟《あわ》の夢《ゆめ》は実《み》が多《おお》いから良《よ》い夢《ゆめ》やとある。が○○が上谷《うえだに》に居《お》った時葬礼《ときそうれい》の夢《ゆめ》と、鷹《たか》が三羽来《わき》た夢《ゆめ》を見《み》た。それからズル黍《きび》というて一穂《ほ》に一万粒《まんつぶ》も実《み》のなる黍《きび》の夢《ゆめ》を見《み》た。良《よ》い夢《ゆめ》を三つ一緒《しょ》に見《み》たのだ。それをわしが判断《はんだん》してやって「ソレ見タカヨイキビ、、、、、、」というた。二鷹《たか》なら良《よ》いのじゃ、しかし一富士《ふじ》、二鷹《たか》、三茄子《なすび》の夢《ゆめ》は良《よ》いけれども、これは本当《ほんとう》は夢《ゆめ》のことでなくて、徳川家康《とくがわいえやす》の心得《こころえ》としていたことなのだ。家康《いえやす》は黄金《おうごん》を沢山《たくさん》もっておった。軍用金《ぐんようきん》を沢山《たくさん》もっておったから天下《てんか》をとることができたのだが、その黄金《おうごん》を貯《たくわ》えるのに、例《たと》えば奢《おご》りをしたいとか、娯《たの》しみをしたいと思《おも》ったときに、富士《ふじ》を見《み》たのだ。今《いま》の人《ひと》なら花見《はなみ》だとか芸者買《げいしやか》いに行《ゆ》くとかするのだが、そんなときに富士《ふじ》の風景《ふうけい》を見《み》て、それを第《だい》一の娯《たの》しみにしておったのじゃ。二つめの楽《たの》しみは鷹《たか》を飼《か》うこと、他人《たにん》にご馳走《ちそう》をするときでも自分《じぶん》は金《かね》を出《だ》さず鷹《たか》に鳥《とり》を捕《と》らしてそれで料理《りょうり》してご馳走《ちそう》した。それから茄子《なす》を作《つく》って浅漬《あさづ》けを非常《ひじょう》に楽《たの》しみにしておったのじゃ。その位《くらい》の心得《こころえ》で金《かね》をためてそれで天下《てんか》を取《と》った、家康《いえやす》は実際《じっさい》はその様《よう》な心得《こころえ》のあった人《ひと》だった。それで一富士《ふじ》、二鷹《たか》、三茄子《なすび》の夢《ゆめ》を見《み》たら、その心得《こころえ》になっておれば教訓《きょうくん》になるから良《よ》いというのじゃ。しかしその心得《こころえ》にならなんだら何《なん》にもならない。

悪夢《あくむ》は妙《みょう》なものにおそわれたりするやつ。雑夢《ざつむ》は木《き》に竹《たけ》を接《つ》いだようなことで、今《いま》亀岡《かめおか》におると思《おも》うと東京《とうきょう》にいたり、また綾部《あやべ》におってみたり、梅《うめ》の木《き》じゃと思《おも》っていったら牡丹《ぼたん》の花《はな》が咲《さ》いて下《した》に筍《たけのこ》が生《は》えたり、木《き》に竹《たけ》を接《つ》いだようなのを雑夢《ざつむ》というのじゃ。

それから人《ひと》の心気《しんき》が霊《れい》に感《かん》じて、気分《きぶん》の良《よ》いときには霊夢《れいむ》を見《み》る。雑念《ざつねん》のあるときには雑夢《ざつむ》を見《み》る。良《よ》い夢《ゆめ》を見《み》るのは総《そう》じて右《みぎ》の肩《かた》を下《した》にして、平仮名《ひらがな》の「さ」の字《じ》になって寝《ね》たときには愉快《ゆかい》な夢《ゆめ》、左《ひだり》を下《した》にしたときには悪夢《あくむ》、仰向《あおむ》けになったときにも胃腸《いちょう》の弱《よわ》いときなどには悪夢《あくむ》を見《み》る」

問「生《う》まれる時《とき》に人玉《ひとだま》が入《はい》るというのは」

王仁「実際《じっさい》わしは見《み》た。入《はい》るのと子《こ》が生《う》まれるのと一緒《しょ》だ。そしてそれが出《で》たと思《おも》うと死《し》んでしまった」

問「神様《かみさま》にお願《ねが》いしておいて、素盞嗚尊様《すさのおのみことさま》なら素盞嗚尊様《すさのおのみことさま》、瑞《みづ》の御霊様《みたまさま》なら瑞《みづ》の御霊様《みたまさま》と念《ねん》じて石笛《いしぶえ》を吹《ふ》いていると、如何《いか》にも神様《かみさま》がお出《い》でになったような気分《きぶん》がしますが、本当《ほんとう》にお出《い》でになるでしょうか」

王仁「それは相対《そうたい》の原理《げんり》じゃないか。こっちが神様《かみさま》と思《おも》うたときには神様《かみさま》の霊《れい》もこっちへ来《く》るのだ。死人《しにん》のことでもこっちから思《おも》ってやると向《むこ》うで会《あ》っている。死者《ししゃ》の霊《れい》があるいは夢《ゆめ》になって現《あら》われることもあるが、思《おも》わなかったら会《あ》えやしない。相対的《そうたいてき》で相《そう》応《おう》の理《り》だからね」

問「正《ただ》しい霊《れい》と、正《ただ》しくない霊《れい》の見分《みわ》け方《かた》というようなものはないでしょうか」

王仁「感《かん》じたときに、正《ただ》しい霊《れい》なら額《ひたい》が熱《あつ》い。前額《ぜんがく》から暖《あたた》かくなって来《く》る。それは正《ただ》しい霊《れい》で、悪《わる》い霊《れい》はぞーっと尻《しり》から来《き》たり首筋《くびすじ》から来《き》たりする。鎮魂《ちんこん》すると「体《からだ》が熱《あつ》くなりました」というだろう。霊魂《れいこん》というものは善《ぜん》を思《おも》い善《ぜん》をなせば恩頼《みたまのふゆ》といって無限《むげん》大《だい》に増《ふ》えるものだ。悪《わる》いことをすると減《へ》る。人殺《ひとごろ》しでもしていると、何《なん》でもないことに巡査《じゅんさ》が来《き》ても、すぐ捕《つか》まえに来《き》たのじゃないかと思《おも》ってびくくする。………。神《かみ》は愛善《あいぜん》、神《かみ》は愛《あい》だから神《かみ》を愛《あい》し人《ひと》を愛《あい》するということ、これほど強《つよ》いものはない。だから神《かみ》を信仰《しんこう》する者《もの》はいくらでも魂《たましい》が肥《こ》える。信仰《しんこう》のないものは直《す》ぐ落胆《らくたん》するから魂《たましい》はやせる一方《ぽう》ということになる」

問「進取的《しんしゆてき》なものはいゝということにはならないでしょうか」

王仁「進取的《しんしゆてき》でも信仰《しんこう》のない者《もの》は、扇《おうぎ》の要《かなめ》のないようなものでだめだ。でないと得意《とくい》の時《とき》は良《よ》いけれども、逆境《ぎやつきよう》に立《た》つと見《み》られんように気《き》の毒《どく》な姿《すがた》になる。わたしは随分逆《ずいぶんぎやっ》境《きよう》に立《た》ったが、立《た》つほどに面白《おもしろ》くなる。これだけは一つの経験《けいけん》を得《え》たと思《おも》っている。蒙古《もうこ》の時《とき》に信仰《しんこう》というものは、こんなに阿呆《あほう》になるものかと思《おも》ったが、あの時《とき》は妻子《さいし》のことも思《おも》わなかった。ただ神様《かみさま》のことと世界《せかい》のことを思《おも》っていたが……それは一生懸命《しようけんめい》だったから……その他《た》のことはちっとも思《おも》わなかった。銃《じゆう》を向《む》けられた時《とき》もこれから天界《てんかい》へ上《のぼ》るのだ。しかし天界《てんかい》へ行《い》っても地上《ちじよう》の人《ひと》を守護《しゆご》してやろう、と思《おも》っていたくらいだ。別《べつ》に怖《こわ》いともかなわんとも、何《なん》とも思《おも》わない。自分《じぶん》の辞世《じせい》を詠《よ》んで他人《ひと》のも詠《よ》んで、まだ滑稽《こつけい》な歌《うた》まで詠《よ》んで笑《わら》っておったくらいだった。

○我《われ》を待《ま》つ天津《あまつ》みくにのわかひめをいざし（死《し》）に行《ゆ》かん敵《てき》のなかうどに信仰《しんこう》があると、こんな時《とき》にでも滑稽《こっけい》なことがいえて来《く》るのだ」

問「霊界《れいかい》における士農工商《しのうこうしょう》といったような組織《そしき》をお話《はな》し願《ねが》います」

王仁「物語《ものがたり》に書《か》いてあるじゃないか。………。わしのは二度言《どい》われんことになっているのだ。神様《かみさま》は一度言《どい》われたら二度《ど》と言《い》われんのだ。神《かみ》の言葉《ことば》は二言《ごん》はない。それで先《さき》に言《い》ってしまうと本《ほん》が出来《でき》ないから、霊界《れいかい》のことはあんまり言《い》うのはいやなんじゃ。その時《とき》一遍《ぺん》しゃべったら二度《ど》と言《い》われんからな。大祥殿《たいしょうでん》で講師《こうし》が同《おな》じことを何遍《なんべん》も言《い》うているのは、あれは取次《とりつ》ぎだから良《よ》いが、わしのは二度《ど》と同《おな》じことを言《い》われん役《やく》なんだから。もし大祥殿《たいしょうでん》でも私《わし》が言《い》うたら今《いま》までに言《い》わなかった事《こと》を言《い》わねばならんから、なかく難《むずか》しいのじゃ。けれども死後《しご》の生活《せいかつ》や何《なに》かは『霊界物語《れいかいものがたり》』を見《み》たら大《たい》抵《てい》わかるはずだ。芦田《あしだ》はんの書《か》いていたのに詳《くわ》しく書《か》いてあるが、スエーデンボルグだったかなあ、霊界《れいかい》は現界《げんかい》の移写《いしゃ》であると、これだけ考《かんが》えておったらえゝ。正《ただ》しい人《ひと》の現界《げんかい》と天界《てんかい》とは同《おな》じことだ。………この世《よ》は形《かたち》の世《よ》、型《かた》の世《よ》で、お筆先《ふでさき》にも「十里《り》四方《ほう》は宮《みや》の内《うち》、福知舞鶴外囲《ふくちまいづるそとがこ》い」とあるが、お宮《みや》さんのこんな小《ちい》さい形《かた》が一つあったら、無限大《むげんだい》に想念《そうねん》で延《の》びる。富士山《ふじさん》の写真《しゃしん》を撮《と》ると、小《ちい》さな写真《しゃしん》でもそれで富士山《ふじさん》で通《とお》るじゃないか。現界《げんかい》は何《なん》千何《なん》百マイルとかいっているが、霊界《れいかい》で見《み》たらどの位《くらい》になるかわからん。人間《にんげん》も五尺《しゃく》の軀殻《くかく》だけれども、想念《そうねん》によっては太陽《たいよう》に頭《あたま》を打《う》つようなところまで拡張《かくちょう》するかも知《し》れない。霊魂上《れいこんじょう》の世界《せかい》と肉体上《にくたいじょう》の世界《せかい》とは違《ちが》うのだから」

問「例《たと》えば………農業《のうぎょう》などでもやっぱり種《たね》を蒔《ま》いたり草《くさ》を除《と》ったりするのですか」

王仁「それは天国《てんごく》で蒔《ま》いておらなければ地上《ちじょう》に蒔《ま》かれん。………このものは青人草《あおひとぐさ》の食《く》いて生《い》くべきものなり。天《あめ》の狭田長田《さだながた》に植《う》えしめたまい………とあるように、天《あめ》の狭田《さだ》長田《ながた》に植《う》えられるから現界《げんかい》にも田植《たうえ》ができるのじゃ。天国《てんごく》というけれども雲《くも》の上《うえ》にあるのじゃない。こうしているのもみな天人《てんにん》がかゝって働《はたら》いているのだ。稲《いね》を植《う》えるときには妙《みょう》な心《こころ》を持《も》って植《う》えるものはない。他人《たにん》の悪《わる》いことを思《おも》ったりなんかしやしない。邪念《じゃねん》も何《な》にもない天国的想念《てんごくてきそうねん》でやっているものだ」

問　「食事《しょくじ》も現界《げんかい》の人《ひと》が食《た》べるような、同《おな》じ方式《ほうしき》でやるのでしょうか」

王仁「霊身《れいしん》だから霊気《れいき》を食《く》うのだ。現界《げんかい》の人間《にんげん》が食《た》べて糞《くそ》をたれるようなものじゃない。白《しろ》い米《こめ》を食《た》べても黄色《きいろ》い糞《くそ》をたれて赤《あか》い血《ち》を出《だ》す。黄色《きいろ》くなるのもそれは霊《れい》がしているのだ。でこれは人《ひと》が食《く》うとっても天人《てんにん》が食《く》うとるのだ」

問　「タバコはあるのでしょうか」

王仁「こっちにやっていることは、皆《みな》ある」

問　「酒《さけ》はいかがでしょうか」

王仁「酒《さけ》もあるとも。町《まち》もあれば士農工商《しのうこうしょう》皆《みな》ある」

問　「地獄《じごく》の方《ほう》は、そんな職業《しょくぎょう》はないのでしょうか」

王仁「それはない。生産的《せいさんてき》のことはない。争議団《そうぎだん》を興《おこ》して他人《たにん》の物《もの》を分配《ぶんぱい》して食《く》おうというようなことを考《かんが》えてばかりいるのだ」

問「商売《しょうばい》なんかは………呉服屋《ごふくや》もあり米屋《こめや》もあり八百屋《やおや》もあり、というようにあるのでしょうか」

王仁「あるとも、現界《こちら》は移写《いしゃ》だから、売買《ばいばい》はこっちとは一寸違《ちょっとちが》うが、つまりいうたら、一村《そん》なら一村《そん》は誰《だれ》の物《もの》でもない。村長《そんちょう》が皆神様《みなかみさま》から預《あず》かっているのだから」

問「その分配《ぶんぱい》の便宜《べんぎ》を計《はか》るというような者《もの》が商売人《しょうばいにん》でしょうか」

王仁「そうだ〳〵」

問「工業《こうぎょう》や何《なに》かでも………大工《だいく》とか機械工業《きかいこうぎょう》など」

王仁「大工《だいく》はこっちで大工《だいく》しておった人《ひと》が大工《だいく》するので………機械工業《きかいこうぎょう》も発達《はったつ》している。霊界《れいかい》から現界《げんかい》へ写《うつ》る。現界《げんかい》が進《すす》むから霊界《れいかい》が進《すす》み、また霊界《れいかい》が進《すす》むと現界《げんかい》が進《すす》む。霊《れい》肉《にく》一致《ち》だ」

問「それにも地獄的《じごくてき》のものもあり、天国的《てんごくてき》のものもあるのでしょうか」

王仁「地獄的《じごくてき》のものは、天国《てんごく》にはありはせん」
問「営利的《えいりてき》な、腹《はら》の黒《くろ》いのは、地獄的《じごくてき》にやっておるのでしょうか」
王仁「それは八衢的《やちまたてき》だね。本当《ほんとう》の地獄《じごく》へ行《ゆ》けば、生産《せいさん》ということはないから」
問「現界《げんかい》では日本《にっぽん》などは親《おや》と子《こ》というように、経《たて》の関係《かんけい》を本位《ほんい》としておりますが霊界《れいかい》では神様《かみさま》が親様《おやさま》で、あとはみな子《こ》に当《あ》たるということになっておりますが、一つの家庭《かてい》において、夫婦《ふうふ》の他《ほか》に祖父母《そふぼ》とか父母《ふぼ》とか子孫《しそん》とかが、一緒《しょ》に住《す》むということはありませんか」
王仁「意志想念《いしそうねん》が合《お》うていると同《おな》じ所《ところ》で、同《おな》じ団体《だんたい》に住《す》める。意志想念《いしそうねん》というものが合《お》うておれば、村中《むらじゅう》いくら家《いえ》があっても一つの家《いえ》だから」
問「現界《げんかい》では子供《こども》が生《う》まれると大騒《おおさわ》ぎをしますが、霊子《れいし》の生《う》まれる時《とき》にも、それに似《に》たようなことがありますか」

王仁「意志想念《いしそうねん》の世界《せかい》だから、人間《にんげん》のように妙《みよう》な所《ところ》へ○○せんでも、頬《ほほ》と頬《ほほ》とくっつければ出来《でき》るというようなもんだから、おして知《し》るべきだ」

問「ある雑誌《ざつし》にお神酒《みき》の香《かお》りを嗅《か》いでも修業《しゆぎよう》の妨《さまた》げになる守護神《しゆごじん》が多《おお》いというて、神様《かみさま》に上《あ》げるのまで止《や》めていると書《か》いてありましたが、少《すこ》し矛盾《むじゆん》していると思《おも》います」

王仁「自分《じぶん》が嫌《きら》いだからというて、上《あ》げんというようなことはない。わしの肉体《にくたい》は嫌《きら》いだ。自分《じぶん》が撤饌《てつせん》後《ご》いたゞいたら上《あ》げたんじゃない。教祖《きようそ》はんは……神様《かみさま》に上《あ》げるものというたならお燈明《とうみよう》だけや。外《ほか》の物《もの》は皆《みな》こっちがいたゞくのや。神様《かみさま》が皆《みな》食《た》べはったら誰《だれ》もよう祭《まつ》らへん……、と始終《しじゆう》言《い》われた。〝今日《きよう》はかしわ買《こ》うて来《こ》い。今日《きよう》は何《なに》買《こ》うて来《こ》い〟といって毎日《まいにち》五合《ごう》もお酒《さけ》を飲《の》まれたら本当《ほんとう》によう祭《まつ》らんだろう。それでも召《め》し上《あ》がっても供《そな》える。自分《じぶん》が食《た》べないでも神様《かみさま》に上《あ》げるという信念《しんねん》でなければならんのだ。主《しゆ》一無敵《むてき》というのは〝神《かみ》に仕《つか》えること、生《い》きたる人《ひと》に仕《つか》えるが如《ごと》し〟というう精神《せいしん》だ。家《いえ》が無《な》かろうが、自分《じぶん》が食《く》えなかろうが神様《かみさま》にお供《そな》えする。というのならば本当《ほんとう》の信仰《しんこう》だけれど」

問「物語《ものがたり》に男《おとこ》の人《ひと》が改心《かいしん》すると女神《めがみ》さんが現《あら》われます。あれはやさしいということを表《あら》わしておられるのでしょうか」

王仁「愛《あい》を表《あら》わして居《お》るのだ。愛《あい》は女性的《じょせいてき》のもの。愛《あい》の女神《めがみ》といって女《おんな》は愛《あい》で男《おとこ》は勇気《ゆうき》を司《つかさど》る。艮《うしとら》の金神《こんじん》が稚姫岐美命《わかひめぎみのみこと》のみたまを借《か》りて、出口《でぐち》の神《かみ》と現《あら》われると書《か》いてあるが、開祖《かいそ》はんは稚姫岐美命《わかひめぎみのみこと》の生《う》れ変《かわ》りだ。それの体《たい》を借《か》りて霊《れい》を借《か》って開祖《かいそ》と現《あら》われたのだ。いわゆる国常立尊《くにとこたちのみこと》は稚姫岐美命《わかひめぎみのみこと》であり、稚姫岐美命《わかひめぎみのみこと》は出口直《でぐちなお》であるということになっている。神《かみ》と現《あら》われるのや。神《かみ》になるのじゃない。酒呑《さけの》んで首《くび》を振《ふ》って虎《とら》になるのだったら、本当《ほんとう》の虎《とら》になるのだ。が、虎《とら》となるのだ」

問「霊学《れいがく》三分で筆先《ふでさき》七分《ぶ》とありますが、何《ど》ういう程度《ていど》でしょうか」

王仁「それは何時《いつ》までもというのじゃない。あの時分《じぶん》は一生懸命《しょうけんめい》霊学《れいがく》ばかりやっとった。

鎮魂《ちんこん》ばかりしておった。神《かみ》があるか無《な》いかということを人《ひと》に証明《しょうめい》するために、三分《ぶ》位《くらい》は見《み》せてもよい、ということだ。永遠《えいえん》の戒《いまし》めでも何《なん》でもない」

問「この間《あいだ》○○中尉《ちゅうい》が上海《しゃんはい》から帰《かえ》ってきて、日本《にっぽん》でも扶乩《ふうち》なんかで出《だ》してくれると神《かみ》様《さま》が直《す》ぐわかっていゝんですがといっていました」

王仁「扶乩《ふうち》でも幾分《いくぶん》そうだが、神様《かみさま》というものは、人をたらすことがある。開祖《かいそ》さんのお筆先《ふでさき》でも、「平蔵《へいぞう》どの……」とかいって、三千世界《ぜんせかい》の神様《かみさま》が「平蔵《へいぞう》どの」などとおかしいけれど……扶乩《ふうち》でも、「井上留《いのうえとめ》五郎《ろう》に酒《さけ》一杯《ぱい》飲《の》まして、二十円《えん》やれ」というようなことまであるのだ。神様《かみさま》の神策《しんさく》で勢《いきおい》をつけて働《はたら》かすためだ。お筆先《ふでさき》にでも「御用《ごよう》をいたして下《くだ》さったら手柄《てがら》さす……」と書《か》いてあるが、交換条件《こうかんじょうけん》みたいに手柄《てがら》などさして欲《ほ》しくない、と思《おも》うけれども、初《はじ》めは手柄《てがら》のしたい人《ひと》がおったのだから、対者《たいしゃ》によってそう言《い》わなならんのだね」

問「みろくの世《よ》には、飛行機《ひこうき》は要《い》らないとありますが」

王仁「みろくの世《よ》には飛行機《ひこうき》より、もっと良《よ》いものが出来《でき》るからだ。今《いま》の飛行機《ひこうき》みたいにあんなことをしないでも、よいようになる」

問「大本《おほもと》でも航空《こうくう》ということに努《つと》めておりますが………」

王仁「過渡時代《かとじだい》には、必要《ひつよう》なのだ」

問「宣伝《せんでん》は勿論《もちろん》、各所《かくしょ》と往来《おうらい》されるため、お乗《の》りになるというようなこともあるのでしょうか」

王仁「それはある。航空《こうくう》ということの観念《かんねん》を国民《こくみん》に持《も》たすためには、こっちが範《はん》を示《しめ》さねばならぬから………」

問「救世主《きゅうせいしゅ》がくもに乗《の》って、再臨《さいりん》されるというのは船《ふね》に乗《の》ってお出《いで》になることだと、お示《しめ》しになって居《お》られますが、我々《われわれ》としてはどうも飛行機《ひこうき》にでもお乗《の》りになって文字通《もじどお》り、雲《くも》の上《うえ》からお降《くだ》りになっていたゞきたいような気《き》がいたしますが」

王仁「くもは船《ふね》のことで、飛行船《ひこうせん》のことだ」

問「誠心《まごころ》と信仰《しんこう》というものがあったら、いわゆる霊覚《れいかく》というようなものがなくてもいゝように思《おも》いますが」

王仁「霊覚《れいかく》と霊感《れいかん》とある。霊感《れいかん》という奴《やつ》はまだえゝことはない。霊覚《れいかく》というのは、いわゆる神《かみ》は愛善《あいぜん》だから神《かみ》の心《こころ》を覚《さと》ったのが霊覚《れいかく》だ。ほとけは覚者《かくしゃ》ということで、愛《あい》と善《ぜん》とが徹底《てってい》したのが霊覚《れいかく》なのだ。神様《かみさま》を見《み》たとか何《なん》とかいうのは霊感《れいかん》だ。それから霊《れい》はいわゆる霊《れい》ばかりでなしに、霊妙不思議《れいみょうふしぎ》なという意味《いみ》もある。霊鷹《れいよう》がとまったとか、霊鳥《れいちょう》がとまったとかいうだろう。わしが作《つく》った霊学会《れいがくかい》というのは霊魂学《れいこんがく》ばかりでなしに、この上《うえ》もない尊《とうと》い学王学《がくおうがく》だから、これを霊学《れいがく》と名附《なづ》けたのだ。霊魂学《れいこんがく》と霊学《れいがく》とは違《ちが》う。あの始《はじ》めにこしらえたのは、その意味《いみ》からだった」

問「では普通《ふつう》の人《ひと》は霊感《れいかん》ですね」

王仁「霊感者《れいかんしゃ》と霊覚者《れいかくしゃ》とは、品位《ひんい》の高低《こうてい》が違《ちが》う。ほとけは覚者《かくしゃ》という。そこへまだ霊《れい》が付《つ》けてあるのだから」

問「結局《けつきよく》は愛《あい》と善《ぜん》が最上《さいじょう》のものであるということになるのですね」
王仁「世《よ》の中《なか》に善《ぜん》というものは、愛《あい》より外《ほか》にない。最《もつと》も力《ちから》の出来《でき》るもの、すべて成功《せいこう》するものは愛《あい》と善《ぜん》だ。キリスト、ムハメッドは愛《あい》を説《と》き、仏教《ぶつきよう》は慈悲《じひ》を説《と》き……これも愛《あい》だが孔子《こうし》は仁《じん》……仁《じん》ということは隣人《りんじん》を愛《あい》するということで、仏教《ぶつきよう》もキリスト教《きよう》も愛《あい》を経《たて》に、善《ぜん》を緯《よこ》に説《と》いている……キリスト教《きよう》はそれで十字架《じか》なのだ。総《すべ》ての宗教《しゆうきよう》は愛《あい》を経《たて》に、善《ぜん》を緯《よこ》に説《と》いている。人類愛善《じんるいあいぜん》ということは、各既成宗教《かくきせいしゆうきよう》および今《いま》までの道徳教《どうとくきよう》の総《すべ》てを一つにまとめた、まあいうたら抱擁《ほうよう》したのだ、肝腎《かんじん》のエキスをとったような名《な》である。仏教《ぶつきよう》とかキリスト教《きよう》とかは、米《こめ》みたいなもので、米《こめ》の中《なか》から出《で》た酒《さけ》の汁《しる》が、愛《あい》と善《ぜん》なのだから」
問「霊心《れいしん》と霊魂《れいこん》は、どう違《ちが》うのですか」
王仁「それは同《おな》じことだ。魂《たましい》というのは心《こころ》ということなのだから四魂《こん》で心《こころ》となる。つまり勇親愛智《ゆうしんあいち》が「心《こころ》」という字《じ》だ。左《ひだり》の丿は智《ち》で、乚は愛《あい》が受《う》けているので、上《うえ》の左《ひだり》ヽは親《しん》、右《みぎ》のヽは勇《ゆう》である。鎮魂帰神《ちんこんきしん》は安心立命《あんしんりつめい》ということだ。鎮《ちん》は安《あん》なり。人《ひと》の陽《よう》気《き》を魂《こん》という、魂《こん》はすなわち心《こころ》である。それで鎮魂《ちんこん》は安心《あんしん》となる。帰神《きしん》は元《もと》の神《かみ》の心《こころ》になれば、それが帰神《きしん》である。別《べつ》に手《て》を震《ふる》わしたりせんでも、安心立命《あんしんりつめい》すればそれで良《よ》いのだ」

問「尸解《しけ》の法《ほう》について、お伺《うかが》い致《いた》したいのですが」

王仁「ガット虫《むし》が蝉《せみ》になるのも、みな尸解《しけ》の法《ほう》である。ガット虫《むし》に羽《はね》が生《は》えて変《かわ》るだろう。麦《むぎ》の中《なか》から虫《むし》が発《わい》生て、蝶《ちょう》になる。これもみな尸解《しけ》の法《ほう》だ。天狗《てんぐ》になったとかいうのは、人間《にんげん》のうち尸解《しけ》の法《ほう》によってなったのだ。鳥《とり》などは自然《しぜん》に従《したが》っているから、何《なん》でも出来《でき》る」

問「尸解《しけ》の法《ほう》によって霊界《れいかい》に入《はい》る以外《いがい》に、霊界《れいかい》に入《はい》ればそれらの血液《けつえき》はどうなるのですか」

王仁「鶏《にわとり》なんかは大抵食《たいていく》うようになっているから、殺《ころ》された時《とき》に霊《れい》が抜《ぬ》ける。それが霊《れい》の身《しん》を作《つく》って鶏《にわとり》なら鶏《にわとり》になっている。人間《にんげん》の体《からだ》は死《し》ぬと血《ち》が黒《くろ》うなってしまう。霊《れい》のある間《あいだ》は霊《れい》が流通《りゅうつう》さしているけれども、霊《れい》が抜《ぬ》けてしまうと肉体《にくたい》の中《なか》に入《はい》ってしまう。滓《かす》が残《のこ》っているが、血《ち》が血管《けつかん》の中《なか》を廻《まわ》っているのは霊《れい》が動《うご》いているからで、人間《にんげん》の血《ち》は霊《れい》なのだ。霊《れい》が入《はい》っているから赤《あか》い。霊《れい》がなくなってしまったら水分《すいぶん》が、体内《たいない》へ吸収《きゅうしゅう》されてわからんようになる。静脈血《じょうみゃくけつ》は初《はじ》めから黒《くろ》いが、本当《ほんとう》に良《よ》いやつは融《ゆう》和《わ》してしまう。水気《すいき》が屍体《したい》と一緒《しょ》になってしまうのだ。血液《けつえき》は元通《もとどお》りあるのだけれども、屍体《したい》の中《なか》に一緒《しょ》になってしまうので、分《わか》らなくなってしまうのだ。霊《れい》というものは形《かたち》のないものだから、形《かたち》のないものが、血液《けつえき》の中《なか》に廻《まわ》っているから赤《あか》いのだ」

◆尸解《しけ》の法

虎《とら》、狼《おおかみ》、猪《いのしし》、熊《くま》、狐《きつね》、狸《たぬき》など野山《のやま》に住《す》む獣類《じゅうるい》、はては鳩《はと》、鳶《とび》、烏《からす》、雀《すずめ》の鳥類《ちょうるい》にいたるまで、死骸《しがい》というものをこの土《ど》にのこさぬ。人《ひと》に殺《ころ》された場合《ばあい》は別《べつ》だ

が、自然《しぜん》に死《し》んだこれ等《ら》の屍《しかばね》というものを誰《だれ》も見《み》たことがあるまい。これ等《ら》の動《どう》物《ぶつ》は一定《てい》の時《とき》が来《く》ると、尸解《しけ》の法《ほう》によって体《からだ》をもって霊界《れいかい》に入《はい》ってしまうのである。これ皆神様《みなかみさま》の御恵《みめぐみ》によるもので彼等《かれら》が死《し》して醜骸《しゅうがい》をこの地上《ちじょう》に残《のこ》すとき、誰《だれ》も葬式《そうしき》をして埋《う》めてやるものが無《な》いからのことである。それに彼等《かれら》には慾《よく》というものがないし、執着心《しゅうちゃくしん》も何《なに》もないので、実際綺麗《じっさいきれい》なものである。虎狼《とらおおかみ》の慾《よく》という諺《ことわざ》があるけれど、彼等《かれら》は腹《はら》が膨《ふく》れてさえおれば、決《けっ》して他《た》を犯《おか》そうとはしない。人間《にんげん》の慾《よく》となると恐《おそ》ろしいもので、その日《ひ》の糧《かて》どころか、一年中《ねんじゅう》食《た》べても、一生涯《しょうがい》食《た》べても餘《あま》りある程《ほど》のものを貯《たくわ》えながら、まだその上他《うえひと》のものを自分《じぶん》のものにしたいという欲望《よくぼう》の絶《た》えるときがないのだから、おそろしい執着《しゅうちゃく》だ。家畜《かちく》は死《し》骸《がい》をこの土《ど》に曝《さら》すが、それは人間《にんげん》が始末《しまつ》をしてやるから、尸解《しけ》の法《ほう》に依《よ》らないのである。人間《にんげん》も同様《どうよう》お互《たが》いに始末《しまつ》を仕《し》あうことが出来《でき》るから尸解《しけ》の法《ほう》によらないのである。

（『水鏡』二〇一頁）

○

仙人《せんじん》の羽化登仙《うかとうせん》、そんなことが何面白《なにおもしろ》い。糞虫《くそむし》でさえ羽《はね》をはやし、自由自在《じゆうじざい》に空《くう》中《ちゅう》をかけり、聖者君子《せいじゃくんし》の頭《あたま》に止《と》まり悠然《ゆうぜん》として糞《くそ》を放《か》ける。

（『出口王仁三郎全集』第五巻・四四五頁）

問「一神教《しんきょう》と多神教《たしんきょう》についてのご意見《いけん》は如何《いかが》でしょうか」

王仁「キリスト教《きょう》は一神教《しんきょう》で、仏教《ぶつきょう》は多仏教《たぶつきょう》、日本《にほん》の神道《しんどう》は多神教《たしんきょう》だからいかん、というけれども、天照大神様《あまてらすおおかみさま》は一つだ。キリスト教《きょう》ではエンゼルというているがエンゼルにはみな役《やく》があるのであって日本《にっぽん》ではエンゼルを八百萬《やおよろず》の神《かみ》と呼《よ》んでいる。太玉《ふとたまの》神《かみ》でも総《すべ》ての神様《かみさま》はみな一種《しゅ》のエンゼルだ。野立彦《のだちひこ》の神様《かみさま》があるけれども、物語《ものがたり》ではみなわかり易《やす》いように宣伝使《せんでんし》にしてある」

問「国魂《くにたま》の神《かみ》を生《う》むということや、島生《しまう》みなどについてお伺《うかが》いしたいのですが」

王仁「国生《くにう》み島生《しまう》み、というてあっても、別《べっ》に○○○から出《で》たのじゃない。淡路島《あわじしま》を生《う》むというのは淡路島《あわじしま》を開拓《かいたく》することである。島《しま》を生《う》み神《かみ》を生《う》みたまひ……とあっても無茶苦茶《むちゃくちゃ》に生《う》んだのではない。大国主神《おおくにぬしのかみ》は国《くに》を治《おさ》めようと思《おも》うと、その国々《くにぐに》へ行《い》って細女《くわしめ》を見《み》てそれと一緒《しょ》になって、その子を国魂《くにたま》の神《かみ》としたのだ。上根《じょうこん》の人《ひと》だったらそうやって、沢山子《たくさんこ》をこしらえたらよいのだが、現今《げんこん》のような人々《ひとびと》がそんなことやるといかん。徳川家康《とくがわいえやす》も五十人子《にんこ》があったというけれども、本当《ほんとう》は落胤《らくいん》とかいうのを合《あわ》すと二百人《ひゃくにん》もあった。………。しかしそんなことを当《あた》り前《まえ》だと思《おも》ってやると、世《よ》の中《なか》が壊《こわ》れてしまうからな………」

問「それから龍女《りゅうじょ》というのはよく聞《き》きますが、龍男《りゅうなん》というのもあるのでしょうか」

王仁「龍《りゅう》は女性的《じょせいてき》なものだからみな女《おんな》である。坊主《ぼうず》なんかでも、龍《りゅう》になるように修業《しゅぎょう》する人《ひと》がいるが龍《りゅう》でも畜生《ちくしょう》だから、そんなことするのは畜生《ちくしょう》以下《いか》になっているのだ。狐《きつね》を拝《おが》んだりしているのも、狐《きつね》以下《いか》になっている。昔交通《むかしこうつう》が不便《ふべん》だから、狐《きつね》が稲《いね》の種《たね》をくわえて方々《ほうぼう》へ蒔《ま》いたのだ、といって稲荷《いなり》さんの使《つか》いにしている。また御饌《みけつ》の神《かみ》というのと、キツネとを間違《まちが》って、そんな風《ふう》になったのだ」
問「龍神《りゅうじん》さんというのは、龍《りゅう》とは別《べつ》ですか」
王仁「龍《りゅう》を龍神《りゅうじん》と称《とな》えたのもあるし、龍神《りゅうじん》というと幾《いく》らか功《てがら》の出来《でき》たものが龍神《りゅうじん》である。蚯蚓《みみず》は赤龍《せきりゅう》、蜥蜴《とかげ》は石龍《せきりゅう》、壁虎《やもり》は屋龍《おくりゅう》、川《かわ》の龍《りゅう》は鯉《こい》、地《ち》の龍《りゅう》は馬《うま》、海《うみ》の龍《りゅう》は鯨《くじら》。それで龍《りゅう》を描《えが》くとあんな顔《かお》している。馬《うま》の首《くび》を持《も》って来《き》たり、鯉《こい》の鱗《うろこ》を持《も》って来《き》たり、髯《ひげ》を持《も》って来《き》たり、牛《うし》の角《つの》を持《も》って来《き》たり、総《すべ》て寄《よ》せてこしらえてあるのだ。今《いま》の龍《りゅう》の絵《え》は……」
問「人《ひと》の霊魂《れいこん》よりは下《した》なんですか」
王仁「そりゃそうに決《き》まっている」
問「xx分院《ぶんいん》に、大龍神《だいりゅうじん》として祭《まつ》ってありますが」
王仁「宣伝使《せんでんし》があんなことしてしまったので、顔《かお》がつぶれるからしてやったのだ。それで○○を叱《しか》ってやった。功《てがら》してからでないと祭《まつ》られんのだけれど、早《はや》く功《いさお》を立《た》てるようにといって祭《まつ》ってやった。たとえ田吾作《たごさく》でも村長《そんちょう》という名《な》が付《つ》くと、役場《やくば》へ出《で》て幾分《いくぶん》でも仕事《しごと》が出来《でき》る。雨《あめ》の神《かみ》、岩《いわ》の神《かみ》、地震《じしん》の神《かみ》、みな龍神《りゅうじん》である。お働《はたら》き次第《しだい》で祭《まつ》るのだ。………。人間《にんげん》は神様《かみさま》を信仰《しんこう》して、神《かみ》の生宮《いきみや》であるということを常《つね》に考《かんが》えて、そして何《なん》でも魂《たましい》を強《つよ》く持《も》たないといかん」　（於・天恩郷高天閣、昭和七年八月六日）

（『出口王仁三郎全集』第二巻「神霊問答」三四三頁抜粋）

東京大震災の予言

大正《たいしょう》十二年《ねん》の春《はる》のことである。筆者《ひっしゃ》が教主殿《きょうしゅでん》で勉強《べんきょう》していると、聖師《せいし》がお出《で》かけ下《くだ》され、

王仁「今《いま》に東京《とうきょう》に大震災《だいしんさい》がある」

問　「どうしてですか」

王仁「この長雨《ながあめ》の降《ふ》っているのがいけない」

問　「『霊界物語《れいかいものがたり》』に示《しめ》されてありますか」

王仁「ある」
問　「どこになんと御示《おしめ》しですか」
王仁「エトナの爆発《ばくはつ》と書《か》いて示《しめ》してある」（物語・第二巻・第九章「タコマ山の祭典」）
問　「どうしてそれが東京《とうきょう》になるのでしょうか」
王仁「先《さき》に、東京《とうきょう》は元《もと》のすすき野《の》になると書《か》いて発表《はっぴょう》したが、発売禁止《はつばいきんし》になった。それで今度《こんど》は、発売禁止《はつばいきんし》にならぬよう、然《しか》も、よくわかるように、エトナの爆発《ばくはつ》と書《か》いて知《し》らせておいた。エトは江戸《えど》、ナは万葉仮名《まんようがな》で地《ち》の意味《いみ》である。すなわち江戸《えど》の地《ち》だ。今《いま》の東京《とうきょう》のことである」
問　「そうですか。それは時期《じき》はいつ頃《ごろ》でしょう」
王仁「今秋《こんしゅう》だ。初《はじ》めが危《あぶ》ない」
その後《ご》、筆者《ひつしゃ》が島根県安来地方《しまねけんやすきちほう》へ宣伝《せんでん》の旅《たび》を終《お》わり、かつて右《みぎ》の警告《けいこく》を宣伝《せんでん》しておいた。島根県米子市糀町藤田宅《しまねけんよなごしこうじまちふじたたく》へ帰《かえ》ったとき、九月《がつ》一日正午《たちしょうご》、東京震災《とうきょうしんさい》の震動《しんどう》を感《かん》じたのであった。

（『木の花』「月光記」昭和二五年一一・一二月合併号一二頁　筧清澄記）

○

問「天国地獄《てんごくじごく》というものはハッキリしませんがあるものですか」
王仁「お前《まえ》はないと思《おも》っとるのか」
問「ないと言《い》う事《こと》も、あると言《い》う事《こと》も判《わか》りません」
王仁「東京《とうきよう》の震災《しんさい》があったようだがあれは信《しん》じられるか」
問「信《しん》じるも信《しん》じないもありません。毎日《まいにち》々々通信《つうしん》が這入《はい》りますし沢山《たくさん》の怪我《けが》した人《ひと》が汽車《きしや》で京都駅《きようとえき》まで逃《に》げて来《き》たのを目撃《もくげき》しておりますから」
王仁「この世《よ》はウツシ世《よ》であるから、どっかに実物《じつぶつ》がなければ写《うつ》ってくるはずがないではないか。天国《てんごく》ばかりであればあんな事《こと》はない。地獄《じごく》が写《うつ》って来《き》たからあんな事《こと》があるのや。地獄《じごく》も昔《むかし》とは違《ちが》って変《かわ》っているで。徳川時代《とくがわじだい》は竹《たけ》で鋸《のこ》を作《つく》って首《くび》をひいていた、火《ひ》あぶりにしたりした残忍《ざんにん》な地獄《じごく》があったもので、今《いま》はそんな地獄《じごく》は滅多《めつた》にない。それだから現世《げんせ》のことは霊界《れいかい》から現《あら》われて来《く》るのだから、東京《とうきょう》の震災《しんさい》を見《み》たら霊界《れいかい》に地《じ》獄《ごく》があることが判《わか》るのである」

（『新月のかげ』「霊界と東京大震災」木庭次守著　八幡書店刊）

○

問「欠陥《けっかん》があった場合《ばあい》には、根《ね》の国底《くにそこ》の国《くに》というような状態《じょうたい》が現《あら》われるのですか現《あら》わされるのですか、また造《つく》るのですか」

王仁「現界《げんかい》のように、監獄《かんごく》をこしらえて罪人《ざいにん》を待《ま》っているような処《ところ》はない」

問「そうすると、現界《げんかい》と霊界《れいかい》を分《わ》けて考《かんが》える時《とき》には堕落《だらく》になるのですか」

王仁「だから現世《げんせ》におるあいだに天国《てんごく》に籍《せき》を置《お》いておらねばだめだ。皆《みな》みろく、、、の世《よ》は何時《いっ》来《く》るといって期待《きたい》しているが、私《わたし》には昔《むかし》から来《き》ておるのだ。なんぼみろく、、、の世《よ》〳〵といっても、来《こ》ぬ人《ひと》には何時《いつ》まで経《た》っても来《こ》ない」

（『出口王仁三郎全集』一巻「地獄極楽はあるのか無いのか？」四四一頁）

第三章　霊界と精霊

（一）霊界の大要

◯

霊界《れいかい》には神界《しんかい》、中界《ちゅうかい》、幽界《ゆうかい》の三大境域《さんだいきょういき》がある。

◯

神界《しんかい》は神道家《しんどうか》のとなえる高天原《たかあまはら》であり、仏者《ぶっしゃ》のいう極楽浄土《ごくらくじょうど》であり、耶蘇《やそ》のいう天国《てんごく》である。中界《ちゅうかい》は神道家《しんどうか》のとなえる天《あめ》の八衢《やちまた》であり、仏者《ぶっしゃ》のいう六道《ろくどう》の辻《つじ》であり、キリストのいう精霊界《せいれいかい》である。幽界《ゆうかい》は神道家《しんどうか》のとなえる根《ね》の国《くに》、底《そこ》の国《くに》であり、仏者《ぶっしゃ》のいう八万地獄《はちまんじごく》であり、キリストのいうまた地獄《じごく》である。

ゆえに天《あめ》の八衢《やちまた》は高天原《たかあまはら》にもあらず、また根底《ねそこ》の国《くに》にもあらず、両界《りょうかい》の中間《ちゅうかん》に介在《かいざい》する中程《なかほど》の位置《いち》にして即《すなは》ち情態《じょうたい》である。人《ひと》の死後《しご》直《ただ》ちに到《いた》るべき境域《きょういき》にして、所謂中有《いわゆるちゅうう》である。中有《ちゅうう》に在《あ》ることやや久《ひさ》しき後《のち》、現界《げんかい》に在《あ》りし時《とき》の行為《こうい》の正邪《せいじゃ》により、或《あるい》は高天原《たかあまはら》に上《のぼ》り或《あるい》は根底《ねそこ》の国《くに》へ落《お》ち行《ゆ》くものである。

人霊中有《じんれいちゅうう》の情態《じょうたい》（天《あめ》の八衢《やちまた》）に居《い》る時《とき》は、天界《てんかい》にもあらず又地獄《またじごく》にもあらず。仏者《ぶっしゃ》の所《いわ》謂《ゆる》六道《ろくどう》の辻《つじ》又《また》は三途《さんず》の川辺《かわべ》に立《た》って居《い》るものである。

○

人間《にんげん》に於《お》ける高天原《たかあまはら》の情態《じょうたい》とは、真《しん》と善《ぜん》と美《び》の相和合《あいわごう》せし時《とき》であり、根底《ねそこ》の国《くに》の情態《じょうたい》とは、邪悪《じゃあく》と虚偽《きょぎ》とが人間《にんげん》にありて合致《がっち》せる時《とき》をいうのである。

人《ひと》の霊魂中《れいこんちゅう》に在《あ》る所《ところ》の真《しん》と善《ぜん》と美《び》と和合《わごう》する時《とき》は、その人《ひと》は直《ただ》ちに天国《てんごく》に上《のぼ》り、人《ひと》の霊《れい》魂中《こんちゅう》に在《あ》る邪悪《じゃあく》と虚偽《きょぎ》と合致《がっち》したる時《とき》は、その人《ひと》は忽《たちま》ち地獄《じごく》に落《お》つるものである。斯《かく》の如《ごと》きは天《あめ》の八衢《やちまた》に在《あ》る時《とき》において行《おこな》われるものである。

○

天《あめ》の八衢《やちまた》（中有界《ちゅううかい》）に居《お》る人霊《じんれい》は頗《すこぶ》る多数《たすう》である。八衢《やちまた》は一切《さい》のものの初《はじ》めての会合所《かいごうしょ》であって、此処《ここ》にて先《ま》ず霊魂《れいこん》を試験《しけん》され準備《じゅんび》されるのである。人霊《じんれい》の八衢《やちまた》に彷徨《ほうこう》し居住《きょじゅう》する期間《きかん》は必《かなら》ずしも一定《てい》しない。直《ただ》ちに高天原《たかあまはら》へ上《のぼ》るのもあり、直《ただ》ちに地獄《じごく》に落《お》ちるのもある。極善極真《ごくぜんごくしん》は直《ただ》ちに高天原《たかあまはら》に上《のぼ》り、極邪極悪《ごくじゃごくあく》は直《ただ》ちに根底《ねそこ》の国《くに》へ墜落《ついらく》して了《しま》うのである。或《あるい》は八衢《やちまた》に数日《すうじつ》又《また》は数週日《すうしゅうじつ》、数年間《すうねんかん》居《い》るものもある。されど此処《ここ》に三十年以上《ねんいじょう》居《い》るものは無《な》い。此《かく》の如《ごと》く時限《じげん》に於《おい》て相違《そうい》があるのは、人間《にんげん》の内外分《ないがいぶん》の間《あいだ》に相応《そうおう》あると、あらざるとに由《よ》るからである。

○

人間《にんげん》の死《し》するや、神《かみ》は直《ただ》ちにその霊魂《れいこん》の正邪《せいじゃ》を審判《しんぱん》し給《たま》う。ゆえに悪《あ》しき者《もの》の地獄界《じごくかい》に於《お》ける醜団体《しゅうだんたい》に赴《おもむ》くは、その人間《にんげん》の世《よ》にある時《とき》、その主《しゅ》とする所《ところ》の愛《あい》なるもの忽《たちま》ち地獄界《じごくかい》に所属《しょぞく》して居《い》たからである。又善《またよ》き人《ひと》の高天原《たかあまはら》に於《お》ける善美《ぜんび》の団体《だんたい》に赴《おもむ》くのも、その人《ひと》の世《よ》に在《あ》りし時《とき》のその愛《あい》、その善《ぜん》、その真《しん》は正《まさ》に天国《てんごく》の団体《だんたい》に既《すで》に加入《かにゅう》して居《い》たからである。

○

天界《てんかい》、地獄《じごく》の区劃《くかく》は、斯《かく》の如《ごと》く判然《はんぜん》たりといえども、肉体《にくたい》の生涯《しょうがい》に在《あ》りし時《とき》に於《おい》て、朋《ほう》友《ゆう》となり知己《ちき》となりしものや、特《とく》に夫婦《ふうふ》、兄弟《きょうだい》、姉妹《しまい》と成《な》りしものは、神《かみ》の許可《きょか》を得《え》て天《あめ》の八衢《やちまた》に於《お》いて会《あ》うことが出来《でき》るものである。

生前《せいぜん》の朋友《ほうゆう》、知己《ちき》、夫婦《ふうふ》、兄弟《きょうだい》、姉妹《しまい》といえども、一旦《たん》この八衢《やちまた》に於《お》いて別《わか》れた時《とき》は、高天原《たかあまはら》に於《お》いても根底《ねそこ》の国《くに》に於《お》いても、再《ふた》び相見《あいみ》る事《こと》は出来《でき》ない、又相識《またあいし》ることもない。ただし同一《どう》の信仰《しんこう》、同一《どう》の愛《あい》、同一《どう》の性情《せいじょう》に居《お》ったものは、天国《てんごく》に於《お》いて幾度《いくたび》も相見相識《あいみあいし》ることが出来《でき》るのである。

○

人間《にんげん》の死後《しご》、高天原《たかあまはら》や根底《ねそこ》の国《くに》へ行《ゆ》くに先《さき》だって、何人《なんぴと》も経過《けいか》すべき状態《じょうたい》が三途《さんと》ある。そして第《だい》一は外分《がいぶん》の状態《じょうたい》、第《だい》二は内分《ないぶん》の状態《じょうたい》、第《だい》三は準備《じゅんび》の状態《じょうたい》である。この状態《じょうたい》を経過《けいか》する境域《きょういき》は天《あめ》の八衢《やちまた》（中有界《ちゅううかい》）である。しかるにこの順序《じゅんじょ》を待《ま》たずに、直《ただち》に高天原《たかあまはら》に上《のぼ》り根底《ねそこ》の国《くに》へ落《お》つるものもある。

直《ただ》ちに高天原《たかあまはら》に上《のぼ》り又《また》は導《みちび》かるるものは、その人間《にんげん》が現界《げんかい》に在《あ》る時《とき》、神《かみ》を知《し》り、神《かみ》を信《しん》じ、善道《ぜんどう》を履《ふ》み行《おこな》い、その霊魂《れいこん》は神《かみ》に復活《ふっかつ》して、高天原《たかあまはら》へ上《のぼ》る準備《じゅんび》が早《はや》くも出来《でき》て居《い》るからである。また善《ぜん》を表《おもて》に標榜《ひょうぼう》して内心悪《ないしんあく》を包蔵《ほうぞう》するもの、即《すなわ》ち自己《じこ》の兇悪《きょうあく》を装《よそお》い人《ひと》を欺《あざむ》く為《ため》に善《ぜん》を利用《りよう》した偽善者《ぎぜんしゃ》や、不信仰《ふしんこう》にして神《かみ》の存在《そんざい》を認《みと》めなかったものは、直《ただ》ちに地獄《じごく》に墜落《ついらく》し、無限《むげん》の永苦《えいく》を受《う》くる事《こと》になるのである。

○

死後《しご》高天原《たかあまはら》に安住《あんじゅう》せむとして霊的生涯《れいてきしょうがい》を送《おく》るということは、非常《ひじょう》に難事《なんじ》と信《しん》ずるものがある。世《よ》を捨《す》て、その身肉《しんにく》に属《ぞく》せる所謂情慾《いわゆるじょうよく》なるものを一切脱離《さいだつり》せなくてはならないからだ、という人《ひと》がある。かくの如《ごと》き考《かんが》えの人《ひと》は、主《しゅ》として富貴《ふうき》より成《な》れる世間的事物《せけんてきじぶつ》を斥《しりぞ》け、神《かみ》、仏《ほとけ》、救《すく》い、永遠《えいえん》の生命《せいめい》という事《こと》に関《かん》して、絶《た》えず敬虔《けいけん》な想念《そうねん》を凝《こ》らし、祈願《きがん》を励《はげ》み、教典《きょうてん》を読誦《どくじゅ》して功徳《くどく》を積《つ》み、世《よ》を捨《す》て、肉《にく》を離《はな》れて、霊《れい》に住《す》めるものと思《おも》って居《お》るのである。然《しか》るに天国《てんごく》はかくの如《ごと》くにして上《のぼ》り得《う》るものではない。世《よ》を捨《す》て、霊《れい》に住《す》み、肉《にく》に離《はな》れようと努《つと》むるものは、却《かえっ》て一層悲哀《そうひあい》の生涯《しょうがい》を修得《しゅうとく》し、高天原《たかあまはら》の歓楽《かんらく》を摂受《せつじゅ》する事《こと》は到底《とうてい》出来《でき》るものでない。何《なん》となれば、人《ひと》は各自《かくじ》の生涯《しょうがい》が死後《しご》にも猶留存《なおりゅうぞん》するものなるが故《ゆえ》である。高天原《たかあまはら》に上《のぼ》りて歓楽《かんらく》の生涯《しょうがい》を永遠《えいえん》に受《う》けむと思《おも》わば、現世《げんせ》において世間的《せけんてき》の業務《ぎょうむ》を執《と》り、その職掌《しょくしょう》を尽《つく》し、道徳的民文的生涯《どうとくてきみんぶんてきしょうがい》を送《おく》り、かくして後始《のちはじ》めて霊的生涯《れいてきしょうがい》を受《う》けねばならぬのである。これを外《ほか》にしては、霊的生涯《れいてきしょうがい》を為《な》しその心霊《しんれい》をして、高天原《たかあまはら》に上《のぼ》るの準備《じゅんび》を完《まっと》うし得《う》べき途《みち》はないのである。内的生涯《ないてきしょうがい》を清《きよ》く送《おく》ると同時《どうじ》に、外的生《がいてきしょう》涯《がい》を営《いとな》まないものは、砂上《さじょう》の楼閣《ろうかく》の如《ごと》きものである。或《あるい》は次第《しだい》に陥没《かんぼつ》し或《あるい》は壁落《かべお》ち床破《ゆかやぶ》れ崩壊《ほうかい》し傾覆《けいふく》する如《ごと》きものである。

（『霊界物語』四二巻「総説に代えて」大正一一年一一月一四日、『霊の礎』掲載）

（二）死有から中有へ

天《てん》に輝《かがや》く日月《じつげつ》も、黒雲《こくうん》とざす時《とき》は、たちまちその光《ひかり》を没《ぼっ》するごとく、智仁勇兼備《ちじんゆうけんび》の宣伝《せんでん》使《し》治国別《はるくにわけ》もたちまち妖雲《ようun》に霊眼《れいがん》を交錯《こうさく》されて、悪逆無道《あくぎゃくぶどう》のランチ将軍《しょうぐん》が奸計《かんけい》に陥《おちい》り、暗《あん》黒無明《こくむみょう》の地下《ちか》の牢獄《ろうごく》へたちまち顛落《てんらく》し気絶《きぜつ》せしこそ是非《ぜひ》なけれ。

○

肺臓《はいぞう》の呼吸《こきゅう》はようやく微弱《びじゃく》となり、情動《じょうどう》は全《まった》くとまると共《とも》に、心臓《しんぞう》の鼓動休止《こどうきゅうし》し、治国《はるくに》別《わけ》は竜公《たつこう》と共《とも》に、見《み》なれぬ山野《さんや》を彷徨《ほうこう》することとなった。行《い》くともなしに、わが想念《そうねん》の向《む》かうまま進《すす》んで行《ゆ》くと、一方《ぽう》は屹立《きつりつ》せる山岳《さんがく》、一方《ぽう》は巨大《きょだい》なる岩石《がんせき》に挟《はさ》まれた、谷間《たにあい》の狭《せま》いところに迷《まよ》い込《こ》んだ。ここは中有界《ちゅううかい》の入口《いりぐち》である。中有界《ちゅううかい》は、善霊《ぜんれい》、悪霊《あくれい》の集合地点《しゅうごうちてん》である。一名精霊界《めいせいれいかい》とも称《とな》える。竜公《たつこう》は、四辺《あたり》の不思議《ふしぎ》な光景《こうけい》に、治国別《はるくにわけ》の袖《そで》をひき、

竜公「モシ先生《せんせい》、ここはどこでしょうかな。ランチ将軍《しょうぐん》の奥座敷《おくざしき》で、酒《さけ》を呑《の》んでおったと思《おも》えば、局面《きょくめん》たちまち一変《ぺん》して、かような谷底《たにぞこ》、何時《いつ》の間《ま》に来《き》たのでしょう」

治国別「どうも変《へん》だなア、幽《かす》かに記憶《きおく》に残《のこ》っているが、何《なん》でも片彦《かたひこ》の案内《あんない》で、立派《りっぱ》な座敷《ざしき》へ入《はい》ったと思《おも》えば、たちまち暗黒《あんこく》の穴《あな》へおち込《こ》んだような気《き》がした。ヒヨッとしたら、

吾々《われわれ》は肉体《にくたい》を脱離《だつり》して、わが精霊《せいれい》のみが迷《まよ》って来《き》たのではあるまいかな」
竜公「何《なん》だかチッと空気《くうき》が違《ちが》うようですな。しかし、かような所《ところ》におっても仕方《しかた》がありませぬ。行《ゆ》ける所《ところ》まで進《すす》みましょうか」
治国別《はるくにわけ》は小時《しばし》双手《もろて》を組《く》み、幽《かす》かな記憶《きおく》を辿《たど》りながら、二つ三つうなづいて、
治国別「ウンウンそうだそうだ、ランチ、片彦将軍《かたひこしょうぐん》の計略《けいりゃく》にウマウマ乗《じょう》ぜられ、生命《いのち》をとられてしまったのだ。あゝ困《こま》ったことをしたものだな」
竜公「モシ先生《せんせい》、生命《いのち》をとられた者《もの》が、こうして二人《ふたり》生《い》きておりますか、変《へん》な事《こと》をおっしゃいますなア」
治国別「人間界《にんげんかい》からいえば、いわゆる命《いのち》をとられたのだ。しかしながら、人間《にんげん》は霊界《れいかい》に籍《せき》をおいている。肉体《にくたい》はホンの精霊《せいれい》の養成所《ようせいしょ》だ。霊界《れいかい》からいえば、死《し》んだのではない、復活《ふっかつ》したのだ。サアこれから、吾々《われわれ》が生前《せいぜん》において、現界《げんかい》にて尽《つく》してきた善悪正邪《ぜんあくせいじゃ》を検査《けんさ》する所《ところ》があるに違《ちが》いない。そこで一つ検査《けんさ》を受《う》けて、天国《てんごく》へ昇《のぼ》るか地獄《じごく》へおとさ

れるかだ」

竜公「エヽそりゃ大変《たいへん》ですな、ま一度《ど》娑婆《しゃば》へ帰《かえ》る工夫《くふう》はありますまいかな」

治国別「何事《なにごと》も、神素盞嗚《かむすさのお》の大神様《おおかみさま》の御心《みこころ》のままだから、精霊界《せいれいかい》にふみ迷《まよ》うも、あるいは天国《てんごく》へ復活《ふっかつ》するも、現実界《げんじつかい》へ逆戻《ぎゃくもど》りするのも、われわれ人間《にんげん》の左右《さゆう》し得《う》べきところでない。最早《もはや》かくなる上《うえ》は、神様《かみさま》にお任《まか》せするより道《みち》はなからうよ」

・火水土筆に親しむ人の子の　心はいつも天つ神国

地上天国 ①

竜公「私《わたし》はあなたから、死後《しご》の世界《せかい》があるということは聞《き》いておりましたが、こうハッキリと、死後《しご》の生涯《しょうがい》をつづけるとは思《おも》いませなんだ。気体的《きたいてき》の体《たい》を保《たも》ち、フワリフワリと中空《ちゅうくう》をさまようものだと考《かんが》えておりましたが、今《いま》となっては、吾々《われわれ》の触覚《しょっかく》といい、知覚《ちかく》といい、想念《そうねん》といい、情動《じょうどう》といい、愛《あい》の心《こころ》といい、生前《せいぜん》よりも層《そう》一層的確《そうてきかく》になったような心持《こころも》ちがいたします。実《じつ》に不思議《ふしぎ》じゃありませぬか。死後《しご》の世界《せかい》はあるということは 承《うけたまわ》っておりましたなれど、これほどハッキリした世界《せかい》とは思《おも》いませなんだ」

治国別「人間《にんげん》の肉体《にくたい》は、いわゆる精霊《せいれい》の容物《いれもの》だ。精霊《せいれい》の中《なか》には、天国《てんごく》へ昇《のぼ》って天人《てんにん》となるのもあれば、地獄《じごく》へおちて鬼《おに》となるのもある。天人《てんにん》になるべき霊《みたま》を称《しょう》して、肉体《にくたい》の方《ほう》面《めん》から、これを本守護神《ほんしゅごじん》といい、善良《ぜんりょう》なる精霊《せいれい》を称《しょう》して正守護神《せいしゅごじん》といい、悪《あく》の精霊《せいれい》を称《しょう》して副守護神《ふくしゅごじん》というのだ」

竜公「人間《にんげん》の体《からだ》の中《なか》には、そう本《ほん》　正《せい》　副《ふく》と三色《みいろ》も人格《じんかく》が分《わか》っておるのですか」

治国別「マアそんなものだ。吾々《われわれ》は天人《てんにん》たるべき素養《そよう》を持《も》っているのだが、肉体《にくたい》のあるうちに天人《てんにん》になって、高天原《たかあまはら》の団体《だんたい》に籍《せき》をおく者《もの》は極《きわ》めて稀《まれ》だ。いまの人間《にんげん》は、たいてい皆な地獄《じごく》に籍《せき》をおいている者《もの》ばかりだ、少《すこ》しマシな者《もの》でも、ようやくに精霊界《せいれいかい》に籍《せき》をおくくらいなものだよ。この精霊界《せいれいかい》において、善悪正邪《ぜんあくせいじゃ》を審《さば》かれるのだから、もはや過去《かこ》の罪《つみ》を償《つぐな》う術《すべ》もない。ア、、これを思《おも》えば、人間《にんげん》は肉体《にくたい》のあるうちに、一つでも善《よ》い事《こと》をしておきたいものだなア」

かく話《はな》すところへどこともなく、一人《り》の守衛《しゅえい》が現《あら》われて来《き》た。

（『霊界物語』第四七巻・第七章「酔の八衢」大正一一年一月八日）

(三) 中有界における精霊の和合

人間《にんげん》がこの世《よ》にオギャと生《うま》るるや、その意思《いし》の方面《ほうめん》から見《み》たときは、即《すなわ》ちその吾《われ》のままなる時《とき》は、悪《あ》しき事《こと》ばかりである。人間《にんげん》は、なにほど立派《りっぱ》に、博愛《はくあい》だ、善道《ぜんどう》だ、忠《ちゅう》だ、孝《こう》だといっておっても、詮《せん》じつめれば、ただ自己《じこ》のみ都合《つごう》の好《い》いことばかりを考《かん》えて、容易《ようい》に他《た》のことを顧《かえり》みないものである。かくのごとく、おのれのみ良《よ》からんことを願《ねが》う利己心《りこしん》の強《つよ》い人間《にんげん》は、他人《たにん》の不幸《ふしあわせ》を見《み》て、結句心地《けつくここち》よく思《おも》うものが多《おお》いようである。他人《たにん》の不幸《ふこう》が、かえって自分《じぶん》の利益《りえき》となる場合《ばあい》には、殊更《ことさら》に福《ふく》でも降《ふ》ってきたように思《おも》ってほくそ笑《え》みをするものである。何故《なぜ》なれば、かかる利己的《りこてき》の人間《にんげん》は、総《そう》じて他人《たにん》の利福《りふく》や、名誉《めいよ》たると財力《ざいりょく》たるとを問《と》わず、何《なん》とかして自分《じぶん》の所有《しょゆう》になさむことをのみ願《ねが》うものである。かかる不善《ふぜん》なる意思《いし》を根本的《こんぽんてき》に改《あらた》めて、善《ぜん》に遷《うつ》らしめんがために、誠《まこと》の神様《かみさま》より人間《にんげん》に対《たい》し、もろもろの真理《しんり》を会得《えとく》すべき直日《なおひ》の霊《みたま》の力《ちから》を賦与《ふよ》されているものである。この真理《しんり》を判別《はんべつ》するところの、直日《なおひ》の霊《みたま》の光《ひかり》によって、その意思《いし》より起《おこ》るところの一切不善《さいふぜん》の情動《じょうどう》を、覆《ふく》滅《めつ》し断絶《だんぜつ》せしめんとし給《たま》うのである。

◯

人間《にんげん》が、天賦《てんぷ》の智性中《ちせいちゅう》の真《しん》、未《いま》だ意思中《いしちゅう》の善《ぜん》と相和合《あいわごう》せざる時《とき》は、いわゆる中程《なかほど》の状《じょう》態《たい》にあるものだ。現世《げんせ》の人間《にんげん》は、たいていこの状態《じょうたい》にいる者《もの》が多《おお》い。彼《かれ》らは真理《しんり》の何《なん》たるを知《し》り、また知識《ちしき》の上《うえ》や、理性《りせい》の上《うえ》にて、真理《しんり》を思惟《しい》することは出来《でき》るけれども、その実《じつ》地行《ちおこな》うところの真理《しんり》にいたっては、あるいは多《おお》くあるいは少《すく》なくまた絶無《ぜつむ》なるものがある。あるいは悪《あく》を愛《あい》する心《こころ》、すなわち虚偽《きょぎ》の信仰《しんこう》よりして、真理《しんり》に背反《はいはん》せる動作《どうさ》をなすものがある。ゆえに人間《にんげん》は、高天原《たかあまはら》と根底《ねそこ》の国《くに》との、いずれか一方《ぽう》にて適従《てきじゅう》するところあらしめんがため、霊肉脱離後《れいにくだつりご》すなわち死後《しご》、まず中有界一名《ちゅううかいめい》精霊界《せいれいかい》に導《みちび》き入《い》れられるものである。高天原《たかあまはら》に上《のぼ》るべきものには、この中有界《ちゅううかい》において、善《ぜん》と真《しん》との和合《わごう》が行《おこな》われ、また根底《ねそこ》の国《くに》へ投《な》げ入《い》れられるべき精霊《せいれい》には、この八衢《やちまた》において、悪《あく》と虚偽《きょぎ》との和合《わごう》が行《おこな》われるものである。なぜなれば、高天原《たかあまはら》においても根底《ねそこ》の国《くに》においても、善悪不決定《ぜんあくふけってい》の心《こころ》を有《ゆう》することを許《ゆる》されないからである。すなわち智性上《ちせいじょう》にこれを思《おも》うて、意思《いし》の上《うえ》に彼《かれ》を志《こころざ》すがごときことは許《ゆる》されない。必《かなら》ずや、その志《こころざ》すところを諒知《りょうち》し、その知《し》るところを志願《しがん》せなくてはならないことになっているからである。

治国別《はるくにわけ》、竜公両人《たつこうりょうにん》が、いまや精霊界《せいれいかい》に進《すす》み、天界《てんかい》、地獄《じごく》の中間状態《ちゅうかんじょうたい》にその身《み》をおいて、伊吹戸主神《いぶきどぬしのかみ》に種々《しゅじゅ》の霊界《れいかい》の消息《しょうそく》を承《うけたまわ》ったその大略《たいりゃく》を、ここに述《の》べる。

○

地獄界《じごくかい》の入口《いりぐち》は如何《いか》なるものなりやを示《しめ》すならば、一切《さい》の地獄界《じごくかい》は、この精霊界《せいれいかい》の方面《ほうめん》に対《たい》しては、かたく塞《ふさ》がっているものである。ただ僅《わず》かに、岩間《いわま》の虚隙《きょげき》に似《に》たる穴《あな》があり、裂《さ》け口《くち》があり、あるいは大《だい》なる門戸《もんこ》があって、暗《くら》い道《みち》がわずかに通《つう》じ、紛々《ふんぷん》たる臭気《しゅうき》を帯《お》びた風《かぜ》が吹《ふ》いているのみである。地獄《じごく》の入口《いりぐち》には、守衛《しゅえい》が厳《きび》しく立《た》っていて、みだりに人間《にんげん》の出入《しゅつにゅう》するを許《ゆる》さないことになっている。

○

高天原《たかあまはら》へ上《のぼ》る道《みち》もまた四方《しほう》が塞《ふさ》がり、高天原《たかあまはら》の諸団体《しょだんたい》に通《つう》ずべき道《みち》は、容易《ようい》に見当《みあた》らないのである。わずかに一条《ひとすじ》の小《ちい》さい道《みち》が通《とお》ってあって、守衛《しゅえい》がこれを守《まも》っている。しかしながら、高天原《たかあまはら》へ上《のぼ》るべき資格《しかく》のないものの目《め》には、とうてい見《み》ることは出来《でき》ないものである。

また中有界《ちゅううかい》は、山岳《さんがく》と岩石《がんせき》との間《あいだ》にある、険《けわ》しい谷《たに》に似《に》た所《ところ》が多《おお》い。ここかしこに折《お》れ曲《まが》りの所《ところ》が沢山《たくさん》にあり、また非常《ひじょう》に高《たか》い処《ところ》や低《ひく》い窪《くぼ》んだ処《ところ》もある。あるいは大川《おおかわ》が流《なが》れ、あるいは深《ふか》い谷《たに》があり、広野《こうや》があり、種々雑多《しゅじゅざった》の景色《けしき》が展開《てんかい》している。そして高天原《たかあまはら》の諸《しょ》団体《だんたい》に通《つう》ずるもろもろの入口《いりぐち》は、高天原《たかあまはら》に上《のぼ》るべき準備《じゅんび》を終《お》えたる、天人《てんにん》の資格《しかく》を持《も》っている者《もの》でなくては見《み》ることは出来《でき》ない。ゆえに中有界《ちゅううかい》に迷《まよ》うている精霊《せいれい》や、地獄《じごく》行《ゆ》きの精《せい》霊《れい》の目《め》には、とうてい発見《はっけん》することは出来得《できえ》ないのである。精霊界《せいれいかい》から天国《てんごく》の各団体《かくだんたい》に通《つう》ずべき入口《いりぐち》は、ただ一筋《ひとすじ》の細《ほそ》い道《みち》があるばかりである。この道《みち》をダンダン上《のぼ》り行《ゆ》くに従《したが》って、道《みち》は分《わか》れて数条《すうじょう》となり、おいおい分《わか》れて幾十条《いくじゅうじょう》とも分《わか》らなく各団体《かくだんたい》にそれぞれの道《みち》が通《つう》じているのである。

また根底《ねそこ》の国《くに》に通《かよ》う所《ところ》の入口《いりぐち》は、これに入《い》るべき精霊《せいれい》のために開《ひら》かるるものであるから、その外《ほか》の者《もの》はその入口《いりぐち》を見《み》ることは出来《でき》ない。………。

○

すべて人間《にんげん》には二箇《こ》の門《もん》が開《ひら》かれてある。そうしてその一つは高天原《たかあまはら》に向《む》かって開《ひら》き、一つは根底《ねそこ》の国《くに》に向《む》かって開《ひら》いている。高天原《たかあまはら》に向《む》かって開《ひら》く門口《かどぐち》は、愛《あい》の善《ぜん》と信《しん》の真《しん》とを入《い》れんがために開《ひら》かれ、一つは、あらゆる悪業《あくごう》と虚偽《きょぎ》とにおるもののために、地獄《じごく》の門《もん》が開《ひら》かれてあるのだ。そうして高天原《たかあまはら》より流《なが》れ来《き》たるところの神様《かみさま》の光明《こうみょう》は、上方《じょうほう》の隙間《すきま》から、わずかに数条《すうじょう》の線光《せんこう》が下《さが》っているに過《す》ぎない。人間《にんげん》がよく思惟《しい》し、究理《きゅうり》し、言説《げんせつ》するは、この光明《こうみょう》によるものである。善《ぜん》におり、また従《したが》って真《しん》におるものは、自《おのずか》ら高天《たかあま》原《はら》の門戸《もんこ》は開《ひら》かれているものである。

人間《にんげん》の理性心《りせいしん》に達《たっ》する道《みち》は、内外《ないがい》二つに分《わか》れている。最《もっと》も高《たか》き道《みち》すなわち内分《ないぶん》の道《みち》は、愛《あい》の善《ぜん》と信《しん》の真《しん》とが、大神《おおかみ》より直接《ちょくせつ》に入《い》りくる道《みち》である。そうして、一つは低《ひく》い道《みち》すなわち外部《がいぶ》の道《みち》である。この道《みち》は、根底《ねそこ》の国《くに》より、あらゆる罪悪《ざいあく》と虚偽《きょぎ》とが忍《しの》び入《い》るの道《みち》である。この内部《ないぶ》、外部《がいぶ》の道《みち》の中間《ちゅうかん》に位《くらい》しているのが、いわゆる理性心《りせいしん》である。以上《いじょう》二つの道《みち》は、これに向《む》こうているゆえに、高天原《たかあまはら》より大神《おおかみ》の光明《こうみょう》入《い》り来《き》たるかぎり、人間《にんげん》は理性《りせい》的《てき》なることを得《う》れども、この光明《こうみょう》を拒《こば》みて入《い》れなかったならば、その人間《にんげん》は、自分《じぶん》がなにほど理性的《りせいてき》なりと思《おも》うとも、その実性《じっせい》においては、すでにすでに滅《ほろ》びているものである。

○

人間《にんげん》の理性心《りせいしん》というものは、その成立《なりたち》の最初《さいしょ》に当《あた》って、必《かなら》ず精霊界《せいれいかい》に相応《そうおう》するものである。ゆえに、その上《うえ》にあるところのものは、高天原《たかあまはら》に相応《そうおう》し、その下《した》にあるものは、必《かなら》ず根底《ねそこ》の国《くに》へ相応《そうおう》するものである。高天原《たかあまはら》へ上《のぼ》り得《う》る準備《じゅんび》を成《な》せるものにあっては、その上方《じょうほう》の事物《じぶつ》がよく開《ひら》けているけれども、下方《かほう》の事物《じぶつ》は全《まった》く閉塞《へいそく》して、罪悪《ざいあく》や虚偽《きょぎ》の内流《ないりゅう》を受《う》けないものである。これに反《はん》し、根底《ねそこ》の国《くに》へ陥《おちい》るべき準備《じゅんび》をなせるものにあっては、低《ひく》き道《みち》すなわち下方《かほう》の事物《じぶつ》は開《ひら》けているが、内部《ないぶ》の道《みち》すなわち上方《じょうほう》の事物《じぶつ》、霊的方面《れいてきほうめん》は全《まった》く閉鎖《へいさ》せるがゆえに、愛善《あいぜん》と信真《しんしん》の内流《ないりゅう》を受《う》けることが出来《でき》ない。これをもって、前《ぜん》者《しゃ》はただ頭上《ずじょう》すなわち高天原《たかあまはら》を仰《あお》ぎ望《のぞ》み得《う》れども、後者《こうしゃ》はただ脚下《きゃくか》すなわち根底《ねそこ》の国《くに》を望《のぞ》み見《み》るより外《ほか》に途《みち》はないのである。そうして頭上《ずじょう》を仰《あお》ぎ望《のぞ》むはすなわち大神《おおかみ》を拝《はい》し霊光《れいこう》に触《ふ》れ、無限《むげん》の歓喜《かんき》に浴《よく》し得《う》れども、脚下《きゃくか》すなわち下方《かほう》を望《のぞ》むものは、誠《まこと》の神《かみ》に背《そむ》いている身魂《みたま》である。

（『霊界物語』第四七巻・第八章「中有」大正一一年一月八日）

（四）本守護神・正守護神・副守護神

宇宙《うちゅう》には、霊界《れいかい》と現界《げんかい》との二つの区界《くかい》がある。しかして霊界《れいかい》には、また高天原《たかあまはら》と根底《ねそこ》の国《くに》との両方面《りょうほうめん》があり、この両方面《りょうほうめん》の中間《ちゅうかん》に介在《かいざい》する一つの界《かい》があって、これを中有界《ちゅううかい》または精霊界《せいれいかい》というのである。また現界《げんかい》一名自然界《めいしぜんかい》には、昼夜《ちゅうや》の区別《くべつ》があり、寒暑《かんしょ》の区別《くべつ》があるのは、あたかも霊界《れいかい》に、天界《てんかい》と地獄界《じごくかい》とあるに比《ひ》すべきものである。

○

人間《にんげん》は、霊界《れいかい》の直接《ちょくせつ》または間接内流《かんせつないりゅう》を受《う》け、自然界《しぜんかい》の物質《ぶっしつ》すなわち剛柔流《ごうじゅうりゅう》の三大元質《さんだいげんしつ》によって、肉体《にくたい》なるものを造《つく》られ、この肉体《にくたい》を宿《やど》として、精霊《せいれい》これに宿《やど》るものである。その精霊《せいれい》は、すなわち人間自身《にんげんじしん》なのである。要《よう》するに人間《にんげん》の軀殻《くかく》は、精霊《せいれい》の居宅《きょたく》に過《す》ぎないのである。この原理《げんり》を霊主体従《れいしゅたいじゅう》というのである。霊《れい》なるものは神《かみ》の神格《しんかく》なる愛《あい》の善《ぜん》と信《しん》の真《しん》より形成《けいせい》されたる一個体《こたい》である。

• 汗しぼり働く後の休らひは　天津御国の姿なりけり

地上天国 ②

しかして人間《にんげん》には、一方《ぽう》に愛信《あいしん》の想念《そうねん》あるとともに、一方《ぽう》には、身体《しんたい》を発育《はついく》し、現実界《げんじつかい》に生《い》き働《はたら》くべき体欲《たいよく》がある。この体欲《たいよく》は、いわゆる愛《あい》より来《き》たるのである。しかし、体《たい》に対《たい》する愛《あい》は、これを自愛《じあい》という。

神《かみ》より直接《ちょくせつ》に来《き》たるところの愛《あい》は、これを神愛《しんあい》といい、神《かみ》を愛《あい》し万物《ばんぶつ》を愛《あい》する、いわゆる普遍愛《ふへんあい》である。また自愛《じあい》は、自己《じこ》を愛《あい》し、自己《じこ》に必要《ひつよう》なる社会的利益《しゃかいてきりえき》を愛《あい》するものであって、自利心《じりしん》というのである。

○

人間《にんげん》は肉体《にくたい》のあるかぎり、自愛《じあい》もまた必要欠《ひつようか》くべからざるものであると共《とも》に、人《ひと》はその本源《ほんげん》にさかのぼり、どこまでも真《しん》の神愛《しんあい》に帰正《きせい》しなくてはならぬのである。要《よう》するに人間《にんげん》は、霊界《れいかい》より見《み》れば、すなわち精霊《せいれい》であって、この精霊《せいれい》なるものは、善悪両方面《ぜんあくりょうほうめん》を抱持《ほうじ》している。

ゆえに人間《にんげん》は霊的動物《れいてきどうぶつ》なるとともに、また体的動物《たいてきどうぶつ》である。精霊《せいれい》はあるいは向上《こうじょう》して天《てん》人《にん》となり、あるいは堕落《だらく》して地獄《じごく》の邪鬼《じゃき》となる、善悪正邪《ぜんあくせいじゃ》の分水嶺《ぶんすいれい》に立《た》っているものである。しかしてたいていの人間《にんげん》は、神界《しんかい》より見《み》れば、人間《にんげん》の肉体《にくたい》を宿《やど》として精霊界《せいれいかい》に彷徨《ほうこう》しているものである。しかして精霊《せいれい》の善《ぜん》なるものを、正守護神《せいしゅごじん》といい、悪《あく》なるものを、副守《ふくしゅ》護神《ごじん》という。

正守護神《せいしゅごじん》は、神格《しんかく》の直接内流《ちょくせつないりゅう》を受《う》け、人身《じんしん》を機関《きかん》として、天国《てんごく》の目的《もくてき》すなわち御用《ごよう》に奉仕《ほうし》すべく神《かみ》より造《つく》られたもので、この正守護神《せいしゅごじん》は副守護神《ふくしゅごじん》なる悪霊《あくれい》に犯《おか》されず、よくこれを統制《とうせい》し得《え》るに至《いた》れば、一躍《やく》して本守護神《ほんしゅごじん》となり天人《てんにん》の列《れつ》に加《くわ》わるものである。

○

また悪霊《あくれい》すなわち副守護神《ふくしゅごじん》に圧倒《あっとう》され、彼《かれ》が頤使《いし》に甘《あま》んずるごとき卑怯《ひきょう》なる精霊《せいれい》となる時《とき》は、精霊《せいれい》みずからも地獄界《じごくかい》へともどもにおとされてしまうのである。この時《とき》は、ほとんど善《ぜん》の精霊《せいれい》は悪霊《あくれい》に併合《へいごう》され、副守護神《ふくしゅごじん》のみ、吾物顔《わがものがお》に跋扈《ばっこ》跳梁《ちょうりょう》するに至《いた》るものである。

そしてこの悪霊《あくれい》は、自然界《しぜんかい》における自愛《じあい》の最《もっと》も強《つよ》きもの、すなわち外部《がいぶ》より入《い》り来《き》たる諸々《もろもろ》の悪《あく》と虚偽《きょぎ》によって、形作《かたちづく》られるものである。かくのごとき悪霊《あくれい》に心身《しんしん》を占領《せんりょう》された者《もの》を称《しょう》して、体主霊従《たいしゅれいじゅう》の人間《にんげん》というのである。また善霊《ぜんれい》も悪霊《あくれい》もみなこれを一括《かつ》して精霊《せいれい》という。

現代《げんだい》の人間《にんげん》は百人《ひやくにん》がほとんど百人《ひやくにん》まで、本守護神《ほんしゅごじん》たる天人《てんにん》の情態《じょうたい》なく、いずれも精霊界《せいれいかい》に籍《せき》をおき、そして精霊界《せいれいかい》の中《なか》でも外分《がいぶん》のみ開《ひら》けている、地獄界《じごくかい》に籍《せき》をおく者《もの》、大多数《だいたすう》を占《し》めているのである。

（『霊界物語』第四八巻・第一章「聖言」大正一二年一月一二日）

第四章　死生観と救世神

(一) 死生観

冴《さ》え渡《わた》る音楽《おんがく》の声《こえ》、馥郁《ふくいく》たる花《はな》の香《かお》りに包《つつ》まれて、忽《たちま》ち時公《ときこう》は精神恍惚《せいしんこうこつ》とし、天《てん》を仰《あお》いで声《こえ》する方《ほう》をながめている。

梅《うめ》か桜《さくら》か桃《もも》の花《はな》か、翩翻《へんぽん》として麗《うるわ》しき花瓣《はなびら》は雪《ゆき》の如《ごと》くに降《ふ》って来る。香《かおり》はますます馨《かんば》しく、音楽《おんがく》はいよいよ冴《さ》え、神《しん》に入《い》り妙《みょう》に徹《てつ》するばかりなり。

高彦「オー、時《とき》さま、目《め》の帳《とばり》は上《あが》っただらう、耳《みみ》の蓋《ふた》は取《と》れたであろう。鼻《はな》も活《い》き返《かえ》ったであろう』

時公「ヤアー、豁然《かつぜん》として蓮《はちす》の花《はな》の一度《ど》にパッと開《ひら》いたごとき心持《こころもち》になりました。………

時公《ときこう》もトント合点《がってん》が行《ゆ》きませぬが、最前貴方《さいぜんあなた》のおっしやった、私《わたくし》の何万年《なんまんねん》とやら前《まえ》に生《い》て居《お》ったとか云《い》う、その訳《わけ》を聞《き》かして下《くだ》さい』

高彦「人間《にんげん》と云《い》うものは、神様《かみさま》の水火《いき》から生《う》まれたものだ。神様《かみさま》は万劫末代生通《まんごうまつだいいきとお》しだ。その神様《かみさま》の分霊《わけみたま》が人間《にんげん》となるのだ。そうして、肉体《にくたい》は人間《にんげん》の容《い》れ物《もの》だ。この肉体《にくたい》は神《かみ》の宮《みや》であって、人間《にんげん》ではないのだ。人間《にんげん》はこの肉体《にくたい》を使《つか》って、神《かみ》の御子《みこ》たる働《はたら》きをせなくてはならぬ。肉体《にくたい》には栄枯盛衰《えいこせいすい》があって、何時迄《いつまで》も花《はな》の盛《さか》りで居《お》ることは出来《でき》ぬ。されどもその本体《ほんたい》は生替《いきかわ》り死《し》にかわり、つまり肉体《にくたい》を新《あたら》しうして、それに這入《はい》り、古《ふる》くなって用《よう》に立《た》たなくなれば、また出直《でなお》して新《あたら》しい身体《しんたい》に宿《やど》って来《く》るのだ。人間《にんげん》が死《し》ぬということは、別《べつ》に憂《うれ》うべき事《こと》でも何《なん》でもない。ただ墓場《はかば》を越《こ》えて、もう一つ向《むこ》うの新《あたら》しい肉体《にくたい》へ入《い》れ替《かわ》ると云《い》う事《こと》だ。元来神《がんらいかみ》には生死《せいし》の区別《くべつ》がない、その分霊《わけみたま》を享《う》けた人間《にんげん》もまた同様《どうよう》である。死《し》すると云《い》う事《こと》を、今《いま》の人間《にんげん》は非常《ひじょう》に厭《いや》な事《こと》のように思《おも》うが、人間《にんげん》の本体《ほんたい》としては何《なん》ともない事《こと》だ」

時公「さうすれば、私《わたくし》は何万年前《なんまんねんまえ》から生《い》きて居《お》ったと云《い》う事《こと》が、自分《じぶん》に分《わか》りそうなものだのにチッとも分《わか》りませぬ。貴方《あなた》のおっしゃる通《とお》りなら、前《まえ》の世《よ》には何《なん》と云《い》う者《もの》に生《うま》れ、何処《どこ》にどうして居《お》って、どういう手続《てつづ》きで生《うま》れて来《き》たと云《い》う事《こと》を覚《おぼ》えて居《お》りそうなものです。さうしてそんな結構《けっこう》な事《こと》なれば、なぜ今《いま》は際《きわ》まで、死《し》ぬと云《い》うことが厭《いや》なやうな気《き》がするのでしようか」

高彦「そこが神様《かみさま》の有難《ありがた》いところだ。お前《まえ》が前《まえ》の世《よ》では、かう云《い》う事《こと》をして来《き》た、霊界《れいかい》でこンな結構《けっこう》なことがあったと云《い》う事《こと》を記憶《きおく》して居《お》ろうものなら、ア、ア、、こんな辛《つら》い戦《たたか》いの世《よ》の中《なか》に居《い》るよりも、元《もと》の霊界《れいかい》へ早《はや》く帰《かえ》りたい、死《し》んだがましだと云《い》う気《き》になって、人生《じんせい》の本分《ほんぶん》を尽《つく》す事《こと》が出来《でき》ない。総《すべ》て人間《にんげん》が此世《このよ》へ肉体《にくたい》を備《そな》えて来《き》たのは、神様《かみさま》の或使命《あるしめい》を果《はた》す為《ため》に来《き》たのである。死《し》ぬのが惜《お》しいと云《い》う心《こころ》があるのは、つまり一日《にち》でもこの世《よ》に長《なが》く居《お》って、一つでも余計《よけい》に神様《かみさま》の御用《ごよう》を勤《つと》めさせる為《ため》に、死《し》を恐《おそ》れる精神《せいしん》を与《あた》えられて居《お》るのだ。実際《じっさい》の事《こと》を云《い》えば、現界《げんかい》よりも霊界《れいかい》の方《ほう》が、いくら楽《たの》しいか面白《おもしろ》いか分《わか》ったものでない、いずれ千年先《せんねんさき》になれば、お前《まえ》も私《わし》も霊界《れいかい》へ這入《はい》つて、ヤア、東彦様《あずまひこさま》、ヤア時様《ときさま》か、どうして居《お》った、お前《まえ》は何時《いつ》死《し》んだのか、さうだったかね、ホンニホンニ何時《いつ》やら死《し》んだように思《おも》うなア、ナンテ（ト）云《い》って互《たがい》に笑《わら》う事《こと》があるのだ」

時公『ア、そンなものですか。そんなら私《わたくし》のように長生《ながいき》をして罪《つみ》を作《つく》るより、罪《つみ》を作《つく》らん中《うち》に、早《はや》く死《し》ンだ方《ほう》が却《かえ》って幸福《こうふく》ですなア』

高彦「サア、そう云《い》う気《き》になるから、霊界《れいかい》の事《こと》を聞《き》かすことが出来《でき》ぬのだ。この世《よ》ほど結《けっ》構《こう》なとこは無《な》い。一日《にち》でも長生《ながいき》をしたいと思《おも》うて、その間《あいだ》に人間《にんげん》と生《うま》れた本分《ほんぶん》を尽《つく》し、一つでも善《よ》いことを為《な》し、神様《かみさま》の為《ため》に御用《ごよう》を勤《つと》めて、もう是《これ》でよいから霊界《れいかい》へ帰《かえ》れと、天使《てんし》の御迎《おむか》えがある迄《まで》は、勝手《かって》気儘《きまま》にこの世《よ》を去《さ》る事《こと》は出来《でき》ぬ。何《なに》ほど自分《じぶん》から死《し》に度《た》いと思《おも》っても、神《かみ》が御許《おゆる》しなければ死《し》ぬ事《こと》は出来《でき》ぬものだ」

時公「一つ尋《たず》ねますが、私《わたくし》が子供《こども》の時《とき》は、西《にし》も東《ひがし》も知《し》らなかった。昔《むかし》から生通《いきとお》しの神《かみ》の霊魂《みたま》であるとすれば、子供《こども》の時《とき》から、もう少《すこ》し何《なに》も彼《か》も分《わか》って居《お》りそうなものだのに、段々《だんだん》と教《おし》えられて、追々《おいおい》に智慧《ちえ》がついて来《き》たように思《おも》います。是《これ》は一体《たい》どう云《い》う訳《わけ》ですか」

高彦「子供《こども》の肉体《にくたい》は虚弱《きよじやく》だから、それに応《おう》ずる程度《ていど》の魂《たましい》が宿《やど》るのだ。全部本人《ぜんぶほんにん》の霊魂《みたま》が肉体《にくたい》に移《うつ》って働《はたら》くのは、一人前《にんまえ》の身体《からだ》になった上《うえ》の事《こと》だ。それ迄《まで》は少《すこ》しづつ生《うま》れ替《かわ》るのだ」

時公「さうすると人間《にんげん》の本尊《ほんぞん》は十月《とつき》も腹《はら》に居《お》って、それから、あと二十年《ねん》もせぬと、スッカリと生《うま》れ替《かわ》る事《こと》が出来《でき》ぬのですか」

高彦「マアそンなものだ。併《しか》し何《なに》ほど霊界《れいかい》が結構《けつこう》だと云《い》っても、人生《じんせい》の使命《しめい》を果《はた》さず、悪《わる》い事《こと》を云《い》うたり、悪《あく》ばかりを働《はたら》いて死《し》んだら、決《けつ》して元《もと》の結構《けつこう》な処《ところ》へは帰《かえ》る事《こと》は出来《でき》ぬ。それこそ根《ね》の国底《くにそこ》の国《くに》の、無限《むげん》の責苦《せめく》を受《うけ》るのだ。それだから此生《このしよう》の間《あいだ》に、一つでも善《よ》い事《こと》をせなくてはならぬ」

時公「大分《だいぶ》に分《わか》りました。一遍《ぺん》に教《おし》えて貰《もら》うと、忘《わす》れますから、又少《またすこ》しづつ小出《こだ》しをして下《くだ》さい」

（『霊界物語』十一巻・第三章「死生観」大正一一年二月二八日、『霊の礎』掲載）

(二) 現界、霊界を知ると自殺は大損

元来生《がんらいせい》の執着《しゅうちゃく》は、神様《かみさま》より与《あた》えられたものであって結構《けっこう》なことである。三十歳《さい》の生命《いのち》を神様《かみさま》より与《あた》えられておる人《ひと》が、十五歳《さい》にして自殺《じさつ》したとすると、十五年《ねん》の間霊《あいだれい》は迷《まよ》うておるのである。しかのみならず、霊界《れいかい》へゆけばすべてが定《き》まってしまうから、人《ひと》は現界《げんかい》にあるうちに、十分働《ぶんはたら》かせてもらわねばならぬ。

人生《じんせい》の目的《もくてき》は、地上《ちじょう》に天国《てんごく》をひらくためであるから、魂《たましい》を汚《よご》さんようにすることが、一番大切《ばんたいせつ》なことである。刀身《とうしん》がゆがむと、元《もと》のさやにおさまらないごとく、魂《たましい》が汚《よご》れゆがむと、元《もと》の天国《てんごく》にはおさまらぬ。人間《にんげん》にとっていちばん大切《たいせつ》なことは、なんといっても、生《い》きているうちに死後《しご》の存在《そんざい》をたしかめておくことである。死後《しご》の世界《せかい》が判《わか》ると、五倫《りん》五常《じょう》が自然《しぜん》におこなえる。倫常《りんじょう》を破《やぶ》るということは、自分《じぶん》の損《そん》になることがはっきり判《わか》るからである。

人間《にんげん》は死後《しご》の世界《せかい》を研究《けんきゅう》してから仕事《しごと》をするがよい。私《わたし》は人生問題《じんせいもんだい》になやんで、ある時《とき》は爆弾《ばくだん》を抱《かか》えて死《し》んでやろうかとさえ思《おも》ったことがある。神様《かみさま》の御恵《みめぐ》みによって、なにもかも知《し》らせていただいて、歓喜《かんき》に満《み》ちた生活《せいかつ》に入《はい》ることができたのであるが、当時《とうじ》の悩《なや》み、悶《もだ》え、苦《くる》しみ、幾度《いくど》か死《し》を考《かんが》えたことほど、それが痛切《つうせつ》であったのである。

（『神の国』昭和四年七月）

・天国は虚空にあらず地の上に　住む人により築かるゝなり

地上天国 ③

(三) 瑞霊の神格は総ての生命の源泉

善《ぜん》とは、すなわちこの世《よ》の造《つく》り主《ぬし》なる大神《おおかみ》の御神格《ごしんかく》より流入《りゅうにゅう》し来《き》たる神善《しんぜん》である。この神善《しんぜん》は、すなわち愛《あい》そのものである。真《しん》とは、同《おな》じく大神《おおかみ》の御神格《ごしんかく》より流入《りゅうにゅう》し来《き》たるところの神真《しんしん》である。この神真《しんしん》は、すなわち信《しん》である。そうしてその愛《あい》にも善《ぜん》があり悪《あく》がある。愛《あい》の善《ぜん》とは、すなわち霊主体従《れいしゅたいじゅう》、神《かみ》より出《い》でたる愛《あい》であり、愛悪《あいあく》とは、体主霊従《たいしゅれいじゅう》といって、自然界《しぜんかい》における自愛《じあい》または世間愛《せけんあい》をいうのである。いま口述者《こうじゅつしゃ》が述《の》べる世間愛《せけんあい》とは、決《けっ》して世《よ》の中《なか》の、いわゆる博愛《はくあい》や慈善的救済《じぜんてききゅうさい》をいうのではない。おのが種族《しゅぞく》を愛《あい》し、あるいは郷里《きょうり》を愛《あい》し、国土《こくど》を愛《あい》するために他《た》を虐《しいた》げ、あるいは亡《ほろ》ぼして、自己団体《じこだんたい》の安全《あんぜん》を守《まも》る、偏狭的愛《へんきょうてきあい》を指《さ》したのである。

○

それからまた信仰《しんこう》には、真《しん》と偽《ぎ》とがある。真《しん》の信仰《しんこう》とは、心《こころ》の底《そこ》から神《かみ》を理解《りかい》し、神《かみ》を愛《あい》し、神《かみ》を信《しん》じ、かつ死後《しご》の生涯《しょうがい》を固《かた》く信《しん》じて、神《かみ》の御子《みこ》たる本分《ほんぶん》を尽《つく》し、何事《なにごと》も神第一《かみだい》とするところの信仰《しんこう》である。また偽《いつわ》りの信仰《しんこう》とは、いわゆる偽善者《ぎぜんしゃ》どものその善行《ぜんこう》を飾《かざ》る武器《ぶき》として、内心《ないしん》に悪《あく》を包蔵《ほうぞう》しながら、表面宗教《ひょうめんしゅうきょう》を信《しん》じ神《かみ》を礼拝《らいはい》し、あるいは宮寺《ぐうじ》などに寄附金《きふきん》をなし、その金額《きんがく》を石《いし》または立札《たてふだ》に記《しる》さしめて、自分《じぶん》の器量《きりょう》を誇《ほこ》るところの信仰《しんこう》である。あるいは商業上《しょうぎょうじょう》の便利《べんり》のために、あるいはわが処世上《しょせいじょう》の都合《つごう》のために、表面《ひょうめん》信仰《しんこう》を装《よそお》う横着者《おうちゃくもの》の所為《しょい》を称《しょう》して、偽《いつわ》りの信仰《しんこう》というのである。

要《よう》するに、神仏《しんぶつ》を松魚節《かつおぶし》として、自愛《じあい》の道《みち》を遂行《すいこう》せんとする悪魔《あくま》の所為《しょい》をいうのである。かくのごとき信仰《しんこう》は、神《かみ》に罪《つみ》を重《かさ》ね、自《みずか》ら地獄《じごく》の門扉《もんぴ》を開《ひら》く醜行《しゅうこう》である。真《しん》の神《かみ》は、愛善《あいぜん》と信真《しんしん》の中《なか》にこそましませ、自愛《じあい》や偽信《ぎしん》の中《なか》にましますはずはない。かかる自愛《じあい》や偽信《ぎしん》の中《なか》に潜入《せんにゅう》する神《かみ》は、いわゆる八岐大蛇《やまたおろち》、悪狐《あくこ》、悪鬼《あくき》、餓鬼《がき》、畜生《ちくしょう》の分類《ぶんるい》である。

〇

高天原《たかあまはら》の天国《てんごく》および霊国《れいごく》にあっては、人《ひと》の言葉《ことば》みなその心《こころ》より出《い》ずるものであるから、その言《い》うところは思《おも》うところであり、思《おも》うところは、すなわち言《い》うところである。心《こころ》の中《なか》に三《さん》を念《ねん》じて、口《くち》に一つをいうことは出来《でき》ない。これが高天原《たかあまはら》の規則《きそく》である。いま天国《てんごく》といったのは、日《ひ》の国《くに》のことであり、霊国《れいごく》といったのは、月《つき》の国《くに》のことである。

○

真《しん》の神《かみ》は、月《つき》の国《くに》においては、瑞《みづ》の御霊《みたま》の大神《おおかみ》と現《あら》われ給《たま》い、日《ひ》の国《くに》においては、厳《いづ》の御霊《みたま》の大神《おおかみ》と現《あら》われ給《たま》う。そうして、厳《いづ》の御霊《みたま》の大神《おおかみ》のみを認《みと》めて、瑞《みづ》の御霊《みたま》の大神《おおかみ》を否《いな》むがごとき信条《しんじょう》の上《うえ》に、安心立命《あんしんりつめい》を得《え》んとするものは、残《のこ》らず高天原《たかあまはら》の圏外《けんがい》に放《ほ》り出《だ》されるものである。かくのごとき人間《にんげん》は、高天原《たかあまはら》よりかつて何等《なんら》の内流《ないりゅう》なきゆえに、次第《しだい》に思《し》索力《さくりょく》を失《うしな》い、何事《なにごと》につけても、正当《せいとう》なる思念《しねん》を有《ゆう》し得《え》ざるに立《た》ちいたり、ついには精神《せいしん》衰弱《すいじゃく》して言葉《ことば》が出《で》なくなり、あるいはその言《い》うところは、痴呆《ちほう》のごとくになって歩々《ほほ》進《すす》まず、その手《て》は垂《た》れてしきりに慄《ふる》い戦《おのの》き、四肢関節《ししかんせつ》は全《まった》く力《ちから》を失《うしな》い、餓鬼《がき》、幽霊《ゆうれい》のごとくなってしまうものである。また瑞《みづ》の御霊《みたま》の神格《しんかく》を無視《むし》し、その人格《じんかく》のみを認《みと》むるものも同《どう》様《よう》である。

○

天地《てんち》の統御神《とうぎょしん》たる、日《ひ》の国《くに》にまします厳《いづ》の御霊《みたま》に属《ぞく》する一切《さい》の事物《じぶつ》は、のこらず瑞《みづ》の御《み》霊《たま》の大神《おおかみ》の支配権《しはいけん》に属《ぞく》しているのである。

ゆえに瑞《みづ》の御霊《みたま》の大神《おおかみ》は、大国常立大神《おおくにとこたちのおおかみ》を初《はじ》め、日《ひ》の大神《おおかみ》、月《つき》の大神《おおかみ》そのほか一切《さい》の神《しん》権《けん》を一身《しん》にあつめて、宇宙《うちゅう》に神臨《しんりん》したまうのである。

この大神《おおかみ》は、天上《てんじょう》を統御《とうぎょ》したまうと共《とも》に、中有界《ちゅううかい》、現界《げんかい》、地獄《じごく》をも統御《とうぎょ》したまうは、当《とう》然《ぜん》の理《り》であることを思《おも》わねばならぬ。そうして厳《いづ》の御霊《みたま》の大神《おおかみ》は、万物《ばんぶつ》の父《ちち》であり、瑞《みづ》の御霊《みたま》は万物《ばんぶつ》の母《はは》である。すべて高天原《たかあまはら》は、この神々《かみがみ》の神格《しんかく》によって形成《けいせい》せられているものである。

○

ゆえに瑞《みづ》の御霊《みたま》の聖言《せいげん》にも「我《われ》を信《しん》ずるものは無窮《むきゅう》の生命《せいめい》を得《え》、信《しん》ぜざるものはその生《せい》命《めい》を見《み》ず」と示《しめ》されている。また「我《われ》は復活《ふっかつ》なり、生命《いのち》なり、愛《あい》なり、信《しん》なり、道《みち》なり」と示《しめ》されてある。しかるに不信仰《ふしんこう》の輩《ともがら》は、高天原《たかあまはら》における幸福《こうふく》とは、ただ自己《じこ》の幸福《こうふく》と威力《いりょく》にありとのみ思《おも》うものである。

○

瑞《みづ》の御霊《みたま》の大神《おおかみ》は、総《すべ》ての神々《かみがみ》の御神格《ごしんかく》を、一身《しん》に集注《しゅうちゅう》したまうがゆえに、その神《かみ》より起《お》こり来《き》たるところの御神格《ごしんかく》によって、高天原《たかあまはら》の全体《ぜんたい》は成就《じょうじゅ》し、また個々《ここ》の分体《ぶんたい》が成就《じょうじゅ》しておるものである。人間《にんげん》の霊体《れいたい》、肉体《にくたい》も、この神《かみ》の神格《しんかく》によって成就《じょうじゅ》しているのは無論《むろん》のことである。そうして瑞《みづ》の御霊《みたま》の大神《おおかみ》より起《お》こり来《き》たるところの神格《しんかく》とは、すなわち愛《あい》の善《ぜん》と信《しん》の真《しん》とである。高天原《たかあまはら》に住《す》める天人《てんにん》は、総《すべ》てこの神《かみ》の善《ぜん》と真《しん》とを完全《かんぜん》に摂受《せつじゅ》して、生命《せいめい》を永遠《えいえん》に保存《ほぞん》しているのである。そうして高天原《たかあまはら》は、この神々《かみがみ》によって完全《かんぜん》に円満《えんまん》に構成《こうせい》せらるるのである。

○

現界《げんかい》の人間自身《にんげんじしん》の志《こころざ》すところ、なすところの善《ぜん》なるもの、また思《おも》うところ、信《しん》ずるところの真《しん》なるものは、神《かみ》の御目《おんめ》より御覧《みそなわ》したまう時《とき》は、その善《ぜん》も決《けっ》して善《ぜん》でなく、その真《しん》も決《けっ》して真《しん》でない、瑞《みづ》の御霊《みたま》の大神《おおかみ》の御神格《ごしんかく》によりてのみ、善《ぜん》たり真《しん》たるを得《え》るものである。

人間自身《にんげんじしん》より生《しょう》ずる善《ぜん》、または真《しん》は、御神格《ごしんかく》より来《き》たるところの活力《かつりょく》を欠《か》いでおるからである。

御神格《ごしんかく》の内流《ないりゅう》を見得《けんとく》し、感得《かんとく》し、摂受《せつじゅ》して、ここに立派《りっぱ》なる高天原《たかあまはら》の天人《てんにん》となることを得《う》るのである。そうして人間《にんげん》には、一霊《れい》四魂《こん》というものがある。一霊《れい》とは、すなわち真霊《しんれい》であり、神直日《かむなおひ》、大直日《おおなおひ》と称《しょう》するのである。そうして、神直日《かむなおひ》とは神様特有《かみさまとくゆう》の直霊《ちょくれい》であり、大直日《おおなおひ》とは、人間《にんげん》が神格《しんかく》の流入《りゅうにゅう》を摂受《せつじゅ》したる直霊《ちょくれい》をいうのである。そうして、四魂《こん》とは和魂《にぎみたま》、幸魂《さちみたま》、奇魂《くしみたま》、荒魂《あらみたま》をいうのである。

この四魂《こん》は、人間《にんげん》はいうに及《およ》ばず、高天原《たかあまはら》にも現実《げんじつ》の地球《ちきゅう》の上《うえ》にも、それぞれの守護神《しゅごじん》として現存《げんぞん》しているのである。そして、荒魂《あらみたま》は勇《ゆう》を司《つかさど》り、和魂《にぎみたま》は親《しん》を司《つかさど》り、奇魂《くしみたま》は智《ち》を司《つかさど》り、幸魂《さちみたま》は愛《あい》を司《つかさど》る。信《しん》の真《しん》は四魂《こん》の本体《ほんたい》となり、愛《あい》の善《ぜん》は四魂《こん》の用《よう》となっている。そうして、直霊《ちょくれい》は瑞《みづ》の御霊《みたま》の大神《おおかみ》の御神格《ごしんかく》の御内流《ごないりゅう》、すなわち直流入《ちょくりゅうにゅう》された神力《しんりき》である。ゆえに、瑞《みづ》の御霊《みたま》の御神格《ごしんかく》は、総《すべ》ての生命《せいめい》の源泉《げんせん》（原頭《げんとう》）とならせたまうものである。

この大神《おおかみ》より人間《にんげん》に起来《きらい》するものは、神善《しんぜん》と神真《しんしん》である。ゆえにわれわれ人間《にんげん》の運命《うんめい》は、この神《かみ》より来《き》たる神善《しんぜん》と神真《しんしん》を、いかに摂受《せつじゅ》するかによって定《さだ》まるものである。

そこで信仰《しんこう》と生命《いのち》とにあってこれを受《う》くるものは、その中《なか》に高天原《たかあまはら》を顕現《けんげん》し、またこれを否《いな》ものは、やむを得《え》ずして地獄界《じごくかい》を現出《げんしゅつ》するのである。神善《しんぜん》を悪《あく》となし、神真《しんしん》を偽《いつわ》りとなし、生《せい》を死《し》となすものは、また地獄《じごく》を現出《げんしゅつ》しなくては已《や》まない。

○

高天原《たかあまはら》の団体《だんたい》にその籍《せき》を置《お》き、現代《げんだい》において既《すで》に天人《てんにん》の列《れつ》に列《れつ》したる人間《にんげん》の精霊《せいれい》は、吾《ご》人《じん》の生命《せいめい》および一切《さい》の生命《せいめい》は、瑞《みづ》の御霊《みたま》の御神格《ごしんかく》より起来《きらい》する道理《どうり》を証覚《しょうかく》し、世《よ》にある一切《さい》のものは、善《ぜん》と真《しん》とに相関《そうかん》することを知覚《ちかく》しているものである、かかる人格者《じんかくしゃ》の精霊《せいれい》を称《しょう》して、地上《ちじょう》の天人《てんにん》というのである。

○

人間《にんげん》の意思的生涯《いしてきしょうがい》は、愛《あい》の生涯《しょうがい》であって善《ぜん》と相関《そうかん》し、智性的生涯《ちせいてきしょうがい》は、信仰《しんこう》の生涯《しょうがい》にして真《しん》と相関《そうかん》するものである。そうして一切《さい》の善《ぜん》と真《しん》とは、みな高天原《たかあまはら》より来《き》たるものであり、生命《せいめい》一切《さい》のこともまた高天原《たかあまはら》より来《き》たることを悟《さと》り得《う》るのが天人《てんにん》である。ゆえに霊界《れいかい》の天人《てんにん》も、地上《ちじょう》の天人《てんにん》も、右《みぎ》の道理《どうり》を堅《かた》く信《しん》ずるがゆえに、その善行《ぜんこう》に対《たい》して、他人《たにん》の感謝《かんしゃ》を受《う》けることを悦《よろこ》ばないものである。………

○

人《ひと》の知識《ちしき》や人《ひと》の善行《ぜんこう》は、みなその人自《ひとみずから》してしかるものと信《しん》ずるごときは、悪霊《あくれい》の考《かんが》えにして、とうてい天人《てんにん》どもの解《かい》し得《え》ざるところである。ゆえに自己《じこ》のためになすところの善《ぜん》は決《けつ》して善《ぜん》ではない。何《なん》となれば、それは自己《じこ》の所為《しょい》なるが故《ゆえ》である。されど自己《じこ》のためにせず、善《ぜん》のためになせる善《ぜん》は、いわゆる神格《しんかく》の内流《ないりゅう》より来《き》たるところの善《ぜん》である。高《たか》天原《あまはら》はかくのごとき善《ぜん》、すなわち神格《しんかく》によって成立《せいりつ》しているものである。

（『霊界物語』第四七巻・第九章「愛と信」大正一二年一月八日）

○いと小《ちい》さき人間《にんげん》なれど魂《たましい》は全大宇宙《ぜんだいうちゅう》に感応《かんのう》するなり

○精霊《せいれい》は人《ひと》の本体《ほんたい》肉体《にくたい》はその精霊《せいれい》のころもなりけり

○わがみたま守《まも》るはわれの体《からだ》なりわが身《み》まもるもわれの霊魂《たましい》

第五章　顕幽一致

（一）地上天国

天地《てんち》万有《ばんゆう》一切《さい》を、愛《あい》の善《ぜん》と信《しん》の真《しん》に基《もと》づいて、創造《そうぞう》したまいし皇大神《すめおおかみ》を奉斎《ほうさい》したる宮殿《きゅうでん》の御舎《みあらか》を、地上天国《ちじょうてんごく》という。しかして、大神《おおかみ》の仁慈《じんじ》と智慧《ちえ》の教《おしえ》を宣《の》べ伝《つた》える聖場《せいじょう》を霊国《れいごく》という。ゆえに『大本神諭《おほもとしんゆ》』[注①]にも、綾《あや》[注②]の聖地《せいち》を地《ち》の高天原《たかあまはら》と名《な》づけられたのである。

天国《てんごく》とは決《けっ》して人間《にんげん》の想像《そうぞう》するごとき、宙空《ちゅうくう》の世界《せかい》ではない。大空《おおぞら》に照《て》り輝《かがや》く日月星辰《じつげつせいしん》も、みな地球《ちきゅう》を中心《ちゅうしん》とし、根拠《こんきょ》として創造《そうぞう》されたものである以上《いじょう》は、いわゆる吾人《ごじん》の住《じゅう》居《きょ》する大地《だいち》は、霊国《れいごく》　天国《てんごく》でなければならぬ。人間《にんげん》はその肉体《にくたい》を地上《ちじょう》において発育《はついく》せしめ、かつその精霊《せいれい》をも純化《じゅんか》し、薫陶《くんとう》し、発育《はついく》せしむべきものである。しかして、高天原《たかあまはら》の真《しん》の密意《みつい》を究《きわ》めるならば、最奥第《さいおうだい》一の天国《てんごく》もまた中間天国《ちゅうかんてんごく》、下層天国《かそうてんごく》も、霊国《れいごく》も、すべて地上《ちじょう》に実在《じつざい》することは勿論《もちろん》である。

○

ただ形体《けいたい》を脱出《だっしゅつ》したる人《ひと》の本体《ほんたい》すなわち精霊《せいれい》の住居《じゅうきょ》する世界《せかい》を霊界《れいかい》といい、物質的形体《ぶっしつてきけいたい》を有《ゆう》する人間《にんげん》の住《す》むところを現界《げんかい》というに過《す》ぎない。ゆえに人間《にんげん》は、一方《ぽう》に高天原《たかあまはら》を蔵《ぞう》するとともに、一方《ぽう》に地獄《じごく》を包有《ほうゆう》しているのである。しかして霊界《れいかい》、現界《げんかい》すなわち自然界《しぜんかい》の間《あいだ》に介在《かいざい》して、その精霊《せいれい》は善《ぜん》にもあらず、悪《あく》にもあらず、いわゆる中有界《ちゅううかい》に居《きょ》を定《さだ》めているものである。

○

すべての人間《にんげん》は、高天原《たかあまはら》に向上《こうじょう》して、霊的《れいてき》または天的天人《てんてきてんにん》とならんがために、神《かみ》の造《つく》りたまいしもので、大神《おおかみ》よりする善《ぜん》の徳《とく》を具有《ぐゆう》する者《もの》は、すなわち人間《にんげん》であって、また天人《てんにん》なるべきものである。

要《よう》するに天人《てんにん》とは、人間《にんげん》の至粋至純《しすいしじゅん》なる霊身《れいしん》にして、人間《にんげん》とは、天界地獄両方面《てんかいじごくりょうほうめん》に介《かい》在《ざい》する一種《しゅ》の機関《きかん》である。人間《にんげん》の天人《てんにん》と同様《どうよう》に有《ゆう》しているものは、その内分《ないぶん》のひとしく天《てん》界《かい》の影像《えいぞう》なることと、愛《あい》と信《しん》の徳《とく》にあるかぎり、人間《にんげん》はいわゆる高天原《たかあまはら》の小天国《しょうてんごく》である。

そうして人間《にんげん》は、天人《てんにん》の有《ゆう》せざる外分《がいぶん》なるものを持《も》っている。その外分《がいぶん》とは、世間的影《せけんてきえい》像《ぞう》である。人《ひと》は神《かみ》の善徳《ぜんとく》に住《じゅう》するかぎり、世間《せけん》すなわち自然的外分《しぜんてきがいぶん》をして、天界《てんかい》の内分《ないぶん》に隷属《れいぞく》せしめ、天界《てんかい》の制役《せいやく》するままならしむる時《とき》は、大神《おおかみ》は御自身《ごじしん》が高天原《たかあまはら》にいますごとくに、その人間《にんげん》の内分《ないぶん》に臨《のぞ》ませたまう。ゆえに大神《おおかみ》は、人間《にんげん》が天界的生涯《てんかいてきしょうがい》の内《うち》にも、世間《せけん》的生涯《てきしょうがい》の中《うち》にも、現存《げんぞん》したまうのである。

○

ゆえに神的順序《しんてきじゅんじょ》ある所《ところ》には、かならず大神《おおかみ》の御霊《みたま》ましまさぬことはない。すべて神《かみ》は順序《じゅんじょ》にましますからである。この神的順序《しんてきじゅんじょ》に逆《さか》らう者《もの》は、決《けっ》して生《い》きながら天人《てんにん》たることを得《え》ないのである。

教祖《きょうそ》の神諭《しんゆ》に……十里《り》四方《ほう》は宮《みや》の内《うち》……と示《しめ》されてあるのは、神界《しんかい》における里数《りすう》にして、至善至美至信至愛《しぜんしびしししんしあい》の大神《おおかみ》のまします、最奥第一《さいおうだい》の天国《てんごく》たる神《かみ》の御舎《みあらか》は、ほとんど想念《そうねん》の世《せ》界《かい》よりは、人間界《にんげんかい》の一百方里《ほうり》くらいに広《ひろ》いという意味《いみ》である。われわれ人間《にんげん》の目《め》にてわずかに一坪《つぼ》か二坪《つぼ》くらいな神社《じんじゃ》の内陣《ないじん》や外陣《がいじん》も、神界《しんかい》すなわち想念界《そうねんかい》の徳《とく》の延長《えんちょう》によって、十里《り》四方《ほう》あるいは数百里《すうりり》数千里《すうり》の天国《てんごく》となるのである。

福知《ふくち》、舞鶴外囲《まいづるそとがこ》いというてあるのは、いわゆる綾《あや》の聖地《せいち》に接近《せっきん》せる地名《ちめい》をかつて、現界《げんかい》人《じん》に分《わか》りやすく示《しめ》されたものであって、決《けっ》して現界的地名《げんかいてきちめい》に特別《とくべつ》の関係《かんけい》があるわけではない。ただ小《ちい》さき宮殿《きゅうでん》（人間《にんげん》の目《め》より見《み》て）の中《うち》でも……すなわち宮《みや》の内《うち》でも神《かみ》の愛《あい》と神《かみ》の信《しん》に触《ふ》れ、智慧証覚《ちえしょうかく》の全《まつた》き者《もの》は、右《みぎ》のごとく想念《そうねん》の延長《えんちょう》によって、際限《さいげん》もなく、聖《きよ》く麗《うるわ》しく、かつ広《ひろ》く高《たか》く見得《みう》るものである。すべて自然界《しぜんかい》の事物《じぶつ》を基礎《きそ》として考《かんが》える時《とき》はかくのごとき説《せつ》は、実《じつ》に空想《くうそう》に等《ひと》しきもののごとく見《み》ゆるは当然《とうぜん》である。

しかしながら霊的事物《れいてきじぶつ》の目《め》より考《かんが》えれば、決《けっ》して不思議《ふしぎ》でも、不合理《ふごうり》でもない。霊的事《れいてきじ》象《しょう》の如何《いか》なるものなるかを、能《よ》く究《きわ》め得《う》るならば、ついにその真相《しんそう》を掴《つか》むことができるのである。しかし自然界《しぜんかい》の法則《ほうそく》にしたがって肉体《にくたい》を保《たも》ち、かつ肉《にく》の目《め》をもって見《み》ることを得《え》ざる霊界《れいかい》の消息《しょうそく》は、とうてい大神《おおかみ》の直接内流《ちょくせつないりゅう》を受《う》け入《い》るるに非《あら》ざれば、容易《ようい》に思考《しこう》し得《う》べ可《か》らざるは、やむを得《え》ない次第《しだい》である。

ゆえに、神界《しんかい》の密意《みつい》は霊主体従的《れいしゅたいじゅうてき》の真人《しんじん》にあらざれば、中魂下魂《ちゅうこんげこん》の人間《にんげん》に対《たい》し、いかにこれを説明《せつめい》するも、容易《ようい》に受《う》け入《い》るる能《あた》はざるは当然《とうぜん》である。

ただ人間《にんげん》は己《おの》が体内《たいない》に存《そん》する内分《ないぶん》によって、自己《じこ》の何者《なにもの》たるかを能《よ》く究《きわ》めたる者《もの》に非《あら》ざれば、いかなる書籍《しょせき》をあさるとも、いかなる智者《ちしゃ》の言《げん》を聞《き》くとも、いかに徹底《てってい》したる微細《びさい》なる学理《がくり》によるとも、自然界《しぜんかい》を離《はな》れ得《え》ざる以上《いじょう》は、容易《ようい》に霊界《れいかい》の消息《しょうそく》を窺《うかが》うことはできないものである。

○

太古《たいこ》の黄金時代《おうごんじだい》の人間《にんげん》は、何事《なにごと》もみな内的《ないてき》にして、自然界《しぜんかい》の諸事物《しょじぶつ》は、その結果《けっか》によって現《あら》われしことを悟《さと》っていた。それゆえ、すぐさまに大神《おおかみ》の内流《ないりゅう》を受《う》け、よく宇宙《うちゅう》の真相《しんそう》をわきまえ、一切《さい》を神《かみ》に帰《き》し、神《かみ》のまにまに生涯《しょうがい》を楽《たの》しみ送《おく》ったのである。しかるに今日《こんにち》は、もはや白銀《はくぎん》、赤銅《しゃくどう》、黒鉄時代《こくてつじだい》を通過《つうか》して、世《よ》はますます外的《がいてき》となり、今《いま》や善《ぜん》もなく真《しん》もなき暗黒無明《あんこくむみよう》の泥海世界《どろうみせかい》となり、神《かみ》に背《そむ》くこと、もっとも遠《とお》く、いずれも人《ひと》の内分《ないぶん》は外《がい》部《ぶ》に向《むか》い、神《かみ》に反《そむ》いて、地獄《じごく》に臨《のぞ》んでいる。

それゆえ、足許《あしもと》の暗黒《あんこく》なる地獄《じごく》はただちに目《め》につくが、空《そら》に輝《かがや》く光明《こうみよう》はこれを背《せな》に負《お》うているから、とうてい神《かみ》の教《おしえ》を信《しん》ずることは出来《でき》ないのである。ここに天地《てんち》の造主《つくりぬし》なる皇《す》大神《おおかみ》は、厳《いづ》の御霊《みたま》、瑞《みづ》の御霊《みたま》と顕現《けんげん》したまい、地下《ちか》のみに眼《まなこ》を注《そそ》ぎ、少《すこ》しも頭上《ずじよう》の光明《こうみよう》を悟《さと》り得《え》ざりし、人間《にんげん》の眼《まなこ》を転《てん》じて、神《かみ》の光明《こうみよう》に向《むか》わしめんとして、予言者《よげんしや》を通《つう》じ、救《すく》いの道《みち》を宣《の》べ伝《つた》えたまうたのである。

かくのごとく、地獄《じごく》に向《むか》って内分《ないぶん》の開《ひら》けている人間《にんげん》を、高天原《たかあまはら》に向《むか》わしめたる状態《じようたい》を、天地《てんち》が覆《かえ》ると宣《の》らせたもうたのである。

○

要《よう》するに忌憚《きたん》なくいえば、高天原《たかあまはら》とは、大神《おおかみ》や天人《てんにん》どもの住所《じゆうしよ》なる霊界《れいかい》を指《さ》し、霊国《れいごく》とは、神《かみ》の教《おしえ》を伝《つた》える宣伝使《せんでんし》の集《あつ》まるところをいい、またその教《おしえ》を聞《き》くところを、天国《てんごく》または霊国《れいごく》というのである。しかして、天国《てんごく》の天人団体《てんにんだんたい》に入《い》りし者《もの》は、祭祀《さいし》をのみ事《こと》とし、霊《れい》国《ごく》の天人《てんにん》は、神《かみ》の教《おしえ》を伝《つた》えるをもって神聖《しんせい》なる業務《ぎょうむ》となすのである。ゆえに最勝最貴《さいしょうさいき》の智慧《ちえ》証覚《しょうかく》によって、神教《しんきょう》を伝《つた》えるところを第《だい》一霊国《れいごく》といい、また最高最妙《さいこうさいみょう》の愛善《あいぜん》と智慧《ちえ》証覚《しょうかく》を得《え》たる者《もの》の集《あつ》まる霊場《れいじょう》を、最高天国《さいこうてんごく》というのである。ゆえに「現幽一致《げんゆういっち》」と称《とな》えるのである。

○

人間《にんげん》の胸中《きょうちゅう》に高天原《たかあまはら》を有《ゆう》する時《とき》は、その天界《てんかい》、人間《にんげん》が行為《こうい》の至大《しだい》なるもの、すなわち全般的《ぜんぱんてき》なるものに現《あら》われるのみならず、その小《しょう》なるもの、すなわち個々《ここ》の行為《こうい》にも現《あら》わるべきものなるを記憶《きおく》すべきである。ゆえに注③『道《みち》の大原《たいげん》』にも、大精神《だいせいしん》の体《たい》たるや、至大無《しだいむ》外《がい》　至小無内《ししょうむない》とある所以《ゆえん》である。そもそも人間《にんげん》の人間《にんげん》たる所以《ゆえん》は、自己《じこ》に具有《ぐゆう》する愛《あい》そのものにある。自然《しぜん》の主《しゅ》とするところの愛《あい》は、すなわちその人格《じんかく》なりということに基因《きいん》するものである。何故《なぜ》なれば、各人主《かくじんしゅ》とするところの愛《あい》は、その想念《そうねん》および行為《こうい》の最《もっと》も微細《びさい》なるところにも流《なが》れ入《い》って、これを按配《あんばい》し、至《いた》るところにおいて、自分《じぶん》と相似《そうじ》せるものを誘《ゆう》出《しゅつ》するからである。しかして諸々《もろもろ》の天界《てんかい》においては、大神《おおかみ》に対《たい》する愛《あい》をもって第《だい》一の愛《あい》とするのである。高天原《たかあまはら》にては、いかなる者《もの》も大神《おおかみ》のごとく愛《あい》せらるるものなきゆえである。ゆえに高天原《たかあまはら》にては、大神《おおかみ》をもって一切中《さいちゅう》の一切《さい》としてこれを愛《あい》しこれを尊敬《そんけい》するのである。

大神《おおかみ》は全般《ぜんぱん》の上《うえ》にも、個々《ここ》の上《うえ》にも流《なが》れ入《い》りたまいて、これを按配《あんばい》しこれを導《みちび》いて、大《おお》神自身《かみじしん》の影像《えいぞう》を、その上《うえ》に止《と》めさせ玉《たま》うをもって、大神《おおかみ》の行《ゆ》きますところには、ことごとく高天原《たかあまはら》が築《きず》かれるのである。ゆえに天人《てんにん》は、きわめて小《ち》さき形式《けいしき》における一個《こ》の天界《てんかい》であって、その団体《だんたい》は、これよりも大《だい》なる形式《けいしき》を有《ゆう》する天界《てんかい》である。しかして諸団体《しょだんたい》を打《う》って一丸《がん》となせるものは、高天原《たかあまはら》の最大形式《さいだいけいしき》をなすものである。

○

綾《あや》の聖地《せいち》における神《かみ》の大本《おほもと》は、大《だい》なる形式《けいしき》を有《ゆう》する高天原《たかあまはら》であって、その教《おしえ》を宣伝《せんでん》する聖《きよ》く正《ただ》しき愛信《あいしん》の徹底《てってい》したる各分所支部《かくぶんしょしぶ》は、聖地《せいち》に次《つ》ぐ一個《こ》の天界《てんかい》の団体《だんたい》であり、また自《じ》己《こ》の内分《ないぶん》に天国《てんごく》を開《ひら》きたる信徒《まめひと》は、小《しょう》なる形式《けいしき》の高天原《たかあまはら》であることは勿論《もちろん》である。ゆえに霊界《れいかい》におけるすべての団体《だんたい》は、愛善《あいぜん》の徳《とく》と信真《しんしん》の光《ひかり》と、智慧証覚《ちえしょうかく》の度《ど》の如何《いかん》によって、同気相求《どうきあいもと》むる相応《そうおう》の理《り》により、各宗教《かくしゅうきょう》における一個《こ》の天国団体《てんごくだんたい》が形成《けいせい》され、また中有界《ちゅううかい》、地獄界《じごくかい》が形成《けいせい》されているのも、天界《てんかい》と同様《どうよう》、決《けっ》して一定《てい》のものではない。されども大神《おおかみ》は、天界《てんかい》、中有界《ちゅううかい》、地獄界《じごくかい》をして一個人《こじん》と見做《みな》し、これを単元《たんげん》として統《とう》一したまうゆえに、如何《いか》なる団体《だんたい》といえども、厳《いづ》の御霊《みたま》、瑞《みづ》の御霊《みたま》の神格《しんかく》のうちより脱出《だっしゅつ》することはできない、またこれを他所《ほか》にして、自由《じゆう》の行動《こうどう》を取《と》ることは許《ゆる》されないのである。

○

高天原《たかあまはら》の全体《ぜんたい》を統《とう》一して見《み》る時《とき》は、一個人《こじん》に類《るい》するものである。ゆえに諸々《もろもろ》の天人《てんにん》はその一切《さい》を挙《あ》げて、一個《こ》の人《ひと》に類《るい》することを知《し》るがゆえに、彼《かれ》らは高天原《たかあまはら》を呼《よ》んで、大神人《だいしんじん》というのである。綾《あや》の聖地《せいいち》をもって、天地創造《てんちそうぞう》の大神《おおかみ》の永久《えいきゅう》に鎮《しず》まります最奥天国《さいおうてんごく》の中《ちゅう》心《しん》と覚《さと》り得《う》る者《もの》は、死後《しご》かならず天国《てんごく》の住民《じゅうみん》となり得《う》る身魂《みたま》である。ゆえにかかる天的人《てんてきにん》間《げん》は、聖地《せいち》の安危《あんき》と盛否《せいひ》をもって、わが身体《しんたい》と見做《みな》し、よく神界《しんかい》のために、愛《あい》と信《しん》とを捧《ささ》ぐるものである。

高天原《たかあまはら》の全体《ぜんたい》を、一《ひとつ》の大神人《だいしんじん》なる単元《たんげん》と悟《さと》りし上《うえ》は、すべての信者《しんじゃ》は、その神人《しんじん》の個体《こたい》または肢体《したい》の一部《ぶ》なることを知《し》るがゆえである。霊的《れいてき》および天的事物《てんてきじぶつ》に関《かん》して、右《みぎ》のごとき正当《せいとう》なる観念《かんねん》を有《ゆう》せざる者《もの》は、右《みぎ》の事物《じぶつ》が、一個人《こじん》の形式《けいしき》と影像《えいぞう》とに従《したが》って、配列《はいれつ》せられ和合《わごう》せらるることを知《し》らない。ゆえに彼《かれ》らは思《おも》うよう、人間《にんげん》の外分《がいぶん》をなせる世間的《せけんてき》、自然的事物《しぜんてきじぶつ》、すなわちこれ人格《じんかく》にして、人《ひと》はこれなくんば、人《ひと》の人《ひと》たる実《じつ》を失《うしな》うであろうと。ゆえに、大神人《だいしんじん》の一部分《ぶぶん》たる神《かみ》の信者《しんじゃ》たる者《もの》が、かくのごとき自愛心《じあいしん》にとらわれて、孤立的生涯《こりつてきしょうがい》を送《おく》るにいたらば、外面神《がいめんかみ》に従《したが》うごとく見《み》ゆるといえども、その内分《ないぶん》は全《まった》く神《かみ》を愛《あい》せず、神《かみ》に反《そむ》き、自愛《じあい》の為《ため》の信仰《しんこう》にして、いわゆる虚偽《きょぎ》と悪《あく》との捕虜《ほりょ》となったものである。かくのごとき信仰《しんこう》の情態《じょうたい》にある者《もの》は、決《けっ》して神《かみ》と和合《わごう》し、天界《てんかい》と和合《わごう》することはできない。あたかも中有界《ちゅううかい》の人間《にんげん》が、第《だい》一天国《てんごく》に上《のぼ》って、その方向《ほうこう》に迷《まよ》い、一個《こ》の天人《てんにん》をも見《み》ることを得《え》ず、胸《むね》を苦《くる》しめ、目《め》を眩《まわ》して喜《よろこ》んで地獄界《じごくかい》へ逃《に》げ行《ゆ》く様《よう》なものである。人間《にんげん》の人間《にんげん》たるは、決《けっ》して世間的《せけんてき》、物質的事物《ぶっしつてきじぶつ》より成《な》れる人格《じんかく》にあらずして、そのよく真《しん》を知《し》り、よく善《ぜん》に志《こころざ》す力量《りきりょう》あるによることを知《し》るべきである。これらの霊的《れいてき》および天《てん》的事物《てきじぶつ》は、すなわち人格《じんかく》をなす所以《ゆえん》のものである。しかして人格《じんかく》の上下《じょうげ》は、その人《ひと》の智性《ちせい》と意思《いし》との如何《いかん》によるものである。

○

大本神諭《おほもとしんゆ》に……灯台下《とうだいもと》は真暗《まつくら》がり、結構《けっこう》な地《ち》の高天原《たかあまはら》に引《ひ》き寄《よ》せられながら、肉体《にくたい》の慾《よく》に霊《みたま》を曇《くも》らせ、せっかく宝《たから》の山《やま》に入《い》りながら、裸跣足《はだかはだし》で怪我《けが》をいたして帰《かえ》る者《もの》ができるぞよ。これは心《こころ》に慾《よく》と慢心《まんしん》とがあるからであるぞよ。云々《うんぬん》……と示《しめ》されあるを考《かんが》える時《とき》は、せっかく神《かみ》の救《すく》いの綱《つな》に引《ひ》かれながら、その偽善《ぎぜん》の度《ど》が余《あま》り深《ふか》きため、心《こころ》の眼開《まなこひら》けず、光明赫灼《こうみょうかくしゃく》たる大神人《だいしんじん》のいます方向《ほうこう》さえも、霊的《れいてき》に見《み》ることを得《え》ず、何事《なにごと》もすべて外部的《がいぶてき》観察《かんさつ》を下《くだ》し、おのが邪悪《じやあく》に充《み》ちたる心《こころ》より、神人《しんじん》の言説《げんせつ》や行為《こうい》を批判《ひはん》せんとする偽善者《ぎぜんしゃ》の多《おお》いのには、大神《おおかみ》も非常《ひじょう》に迷惑《めいわく》さるるところである。すべて人間《にんげん》は、暗冥無智《あんめいむち》なる者《もの》なることを悟《さと》り、至善至美《しぜんしび》、至仁至愛《しじんしあい》、至智至正《しちしせい》なる神《かみ》の力《ちから》に信従《しんじゅう》し、維《こ》れ命維《めいこ》れ従《したが》うの善徳《ぜんとく》を積《つ》むにあらざれば、到底《とうてい》わが心内《しんない》に天界《てんかい》を開《ひら》き、神《かみ》の光明《こうみょう》を認《みと》むることは不可能《ふかのう》である。わが身内《しんない》に天国《てんごく》を啓《ひら》き得《え》ざる者《もの》は、とうてい顕界《けんかい》、幽界《ゆうかい》ともに安楽《あんらく》なる生涯《しょうがい》を送《おく》ることは出来《でき》ないのは当然《とうぜん》である。

○

ゆえに現界《げんかい》にて、同《おな》じ殿堂《でんどう》に集《あつ》まり、神《かみ》を讃美《さんび》し、神《かみ》を拝礼《はいれい》し、神《かみ》の教《おしえ》を聴聞《ちょうもん》する、その状態《じょうたい》を見《み》れば、同《おな》じ五六七殿《みろくでん》の内《うち》に行儀《ぎょうぎ》よく整列《せいれつ》しているように見《み》えている、また物質界《ぶっしつかい》より見《み》れば、確実《かくじつ》に整列《せいれつ》しているのは、事実《じじつ》である。しかしその想念界《そうねんかい》に入《い》って、よく観察《かんさつ》する時《とき》は、その霊身《れいしん》は霊国《れいごく》にあるもあり、また天国《てんごく》の団体《だんたい》にあって聴聞《ちょうもん》せるもあり、拝礼《はいれい》せるもあり、あるいは中有界《ちゅううかい》に座《ざ》を占《し》めて聞《き》きおるもあり、また全《まった》く神《かみ》を背《せ》にし、地《じ》獄《ごく》に向《むか》っているのもある。

（『霊界物語』第四九巻・第一章「地上天国」大正一二年一月一六日）

◆①『大本神諭《おほもとしんゆ》』…出口直《でぐちなお》の筆先をもとに出口王仁三郎《でぐちおにさぶろう》がこれを取捨按配《しゆしやあんばい》したもので、強《つよ》いもの勝《か》ちの世《よ》の立替《たてか》え立直《たてなお》しを叫《さけ》ぶ。やがて弥勒《みろく》の大神《おおかみ》が現《あら》われて救《すく》って下《くだ》さることを明示《めいじ》する。

②綾《あや》の聖地《せいち》…京都府綾部市《きようとふあやべし》の大本《おほもと》。宇宙《うちゆう》の造化《ぞうか》三神《しん》を奉祭《ほうさい》する聖地《せいち》。仏者《ぶつしや》のとなえる兜率天《とそつてん》、弥勒《みろく》の大神《おおかみ》の降臨《こうりん》する天国《てんごく》。

③『道《みち》の大本《おほもと》』…神道家《しんどうか》・本田親徳《ほんだちかあつ》の著書《ちよしよ》。

（二）「現幽一致」の法則と人生の本分

王仁《わたし》が高熊山山中《たかくまやまさんちゆう》における、顕界《けんかい》と、幽界《ゆうかい》の修業《しゆぎよう》の間《ま》に、親《した》しく実践《じつせん》したる大略《たいりやく》の一端《たん》を照会《しょうかい》したのは、ほんの一小部分《しょうぶぶん》に過《す》ぎない事実談《じじつだん》である。………

すべて宇宙《うちゅう》の一切《さい》は、顕幽《けんゆう》一致《ち》、善悪《ぜんあく》一如《にょ》にして、絶対《ぜったい》の善《ぜん》もなければ、絶対《ぜったい》の悪《あく》もない。従《したが》って又《また》、絶対《ぜったい》の極楽《ごくらく》もなければ、絶対《ぜったい》の艱苦《かんく》もないといって良《よ》いのである。歓楽《かんらく》の内《うち》に艱苦《かんく》があり、艱苦《かんく》の内《うち》に歓楽《かんらく》のあるものである。ゆえに根《ね》の国《くに》、底《そこ》の国《くに》に墜《お》ちて、無限《むげん》の苦悩《くのう》を受《う》けるのは、要《よう》するに、自己《じこ》の身魂《みたま》より、産出《さんしゅつ》したる報《むく》いである。

○

また顕界《けんかい》の者《もの》の霊魂《れいこん》が、常《つね》に霊界《れいかい》に通《つう》じ、霊界《れいかい》からは、常《つね》に顕界《けんかい》と交通《こうつう》を保《たも》ち、幾《いく》百千万年《ひやくせんまんねん》といえども、かわることはないのである。神諭《しんゆ》に示《しめ》されるごとく、天国《てんごく》も地獄《じごく》もみな自己《じこ》の身魂《みたま》より顕出《けんしゅつ》するのである。ゆえに世《よ》の中《なか》には、悲観《ひかん》を離《はな》れた楽観《らくかん》はなく、罪悪《ざいあく》と別離《べつり》したる、真善美《しんぜんび》もないのである。苦痛《くつう》を除《のぞ》いては、真《しん》の快楽《かいらく》は求《もと》められるものではない。また凡夫《ぼんぷ》の他《ほか》に、神《かみ》はない。

言《げん》をかえていえば、善悪不二《ぜんあくふじ》にして、正邪《せいじゃ》一如《にょ》である。仏典《ぶってん》にいう「注①煩悩即菩提《ぼんのうそくぼだい》。

注②生死即涅槃《しょうじそくねはん》。注③娑婆即浄土《しゃばそくじょうど》。注④仏凡本来不二《ぶつぼんほんらいふじ》」である。神《かみ》の道《みち》からいえば「神俗本来不二《しんぞくほんらいふじ》」が真理《しんり》である。

仏《ほとけ》の大慈悲《だいじひ》というも、神《かみ》の道《みち》の恵《めぐ》み幸《さいわ》いというも、凡夫《ぼんぷ》の欲望《よくぼう》というのも、その本質《ほんしつ》においては、大《たい》した変《かわ》りはないのである。凡俗《ぼんぞく》の持《も》てる性質《せいしつ》そのままが、神《かみ》であるといってよい。神《かみ》の持《も》っておられる性質《せいしつ》の全体《ぜんたい》が、皆《みな》ことごとく凡夫《ぼんぷ》に備《そな》わっておるといってよいのである。

○

天国浄土《てんごくじょうど》と、社会娑婆《しゃかいしゃば》とは、その本質《ほんしつ》において、毫末《ごうまつ》の差異《さい》もないのである。かくの如《ごと》く本質《ほんしつ》においては、全然同《ぜんぜんどう》一のものでありながら、何《なに》ゆえに神俗《しんぞく》、浄穢《じょうえ》、正邪《せいじゃ》、善悪《ぜんあく》が分《わ》かるのであろうか。要《よう》するにこの本然《ほんぜん》の性質《せいしつ》を、充分《じゅうぶん》に発揮《はっき》して、適当《てきとう》なる活動《かつどう》をすると、せぬとの程度《ていど》に対《たい》して、附《ふ》したる仮定的《かていてき》の、符号《ふごう》に過《す》ぎないのである。

善悪《ぜんあく》というものは、決《けっ》して一定不変《ていふへん》のものではなく、時《とき》と所《ところ》と位置《いち》とによって、善《ぜん》も悪《あく》となり、悪《あく》も善《ぜん》となることがある。

人《ひと》を殺《ころ》すのは悪《あく》に相違《そうい》ないが、一朝宣戦《ちょうせんせん》の詔勅《しょうちょく》が降《くだ》って、勇士《ゆうし》が戦場《せんじょう》に出《で》て敵《てき》を殺《さつ》傷《しょう》しても、これをもって大悪《だいあく》ということは出来《でき》ない。むしろ軍功者《ぐんこうしゃ》として賞賛《しょうさん》されるようなものである。

○

『道《みち》の大原《たいげん》』にいう。「善《ぜん》は天下公共《てんかこうきょう》のために処《しょ》し、悪《あく》は一人《にん》の私有《しゅう》に所《しょ》す。正心徳行《せいしんとくこう》は善《ぜん》なり、不正無行《ふせいぶぎょう》は悪《あく》なり」と。何《なに》ほど善《よ》き事《こと》といえども、自己《じこ》一人《り》の私有《しゅう》に所《しょ》するための善《ぜん》は、決《けっ》して真《しん》の善《ぜん》でない。たとえ少々《しょうしょう》くらい悪分子《あくぶんし》が有《あ》っても天下公共《てんかこうきょう》のためになる事《こと》なれば、これはやはり善《ぜん》といわねばならぬ。「文王《ぶんおう》一たび怒《いか》って、天下治《てんかおさ》まる」怒《いか》るもまた可《か》なり、というべしである。

これより推《お》し考《かんが》える時《とき》は、小《ちい》さい悲観《ひかん》の取《と》るに足《た》らざるとともに、注⑤勝論外道的《しょうろんげどうてき》の、暫《ざん》有的小楽観《ゆうてきしょうらくかん》もいけない。大悲観《だいひかん》と大楽観《だいらくかん》とは、結局《けつきょく》は同《どう》一に帰《き》するのであって、神《かみ》とは大楽観者《だいらくかんしゃ》であると同時《どうじ》に大悲観者《だいひかんしゃ》である。

凡俗《ぼんぞく》は小《しょう》なる悲観者《ひかんしゃ》であり、また小《しょう》なる楽観者《らくかんしゃ》である。社会《しゃかい》、娑婆《しゃば》、現界《げんかい》は、小苦小楽《しょうくしょうらく》の境界《きょうかい》であり、天国浄土《てんごくじょうど》は、大楽大苦《だいらくだいく》の位置《いち》である。『理趣経《りしゅきょう》』注⑥には「大貪大痴《だいとんだいち》これ三摩地《さんまじ》注⑦。これ浄菩提《じょうぼだい》注⑧。淫欲是道《いんよくぜどう》注⑨」とあって、いわゆる当相即道《とうそうそくどう》注⑨の真諦《しんたい》である。

○

禁欲主義《きんよくしゅぎ》はいけぬ、恋愛《れんあい》は神聖《しんせい》であるといって、しかもこれを自然主義的《しぜんしゅぎてき》、本能的《ほんのうてき》で、すなわち自己《じこ》と同大程度《どうだいていど》に決行《けっこう》し、満足《まんぞく》せんとするのが凡夫《ぼんぷ》である。これを拡充《かくじゅう》して、宇宙大《うちゅうだい》に実行《じっこう》するのが神《かみ》である。

○

神《かみ》は三千世界《ぜんせかい》の衆生《しゅじょう》は、皆《みな》わが子《こ》とし、一切《さい》の衆生《しゅじょう》を済度《さいど》注⑪せんとするの、大欲望《だいよくぼう》があるのである。凡俗《ぼんぞく》はわが妻子眷属《さいしけんぞく》のみを愛《あい》し、すこしも他《た》を顧《かえり》みないのみならず、自己《じこ》のみが満足《まんぞく》し、他《た》を知《し》らざるの小貪慾《しょうどんよく》をほしいままにするものである。人《ひと》の身魂《みたま》そのものは、本来神《ほんらいかみ》である。ゆえに宇宙大《うちゅうだい》に活動《かつどう》し得《う》べき、天賦的本能《てんぷてきほんのう》を具備《ぐび》しておる。それでこの天《てん》賦《ぷ》の本質《ほんしつ》なる、智《ち》，愛《あい》、勇《ゆう》、親《しん》を開発《かいはつ》し、実現《じつげん》するのが、人生《じんせい》の本分《ほんぶん》である。

これを善悪《ぜんあく》の標準論《ひょうじゅんろん》よりみれば、自我実現主義《じがじつげんしゅぎ》とでもいうべきものである。吾人《ごじん》の善《ぜん》悪両用《あくりょうよう》の動作《どうさ》が、社会人類《しゃかいじんるい》のため済度《さいど》のために、そのまま賞罰《しょうばつ》二面《めん》の大威力《だいいりょく》、大活動《だいかつどう》を呈《てい》するようになるものである。この大《だい》なる威力《いりょく》と、活動力《かつどうりょく》とが、すなわち神《かみ》であり、いわゆる自我《じが》の宇宙的拡大《うちゅうてきかくだい》である。

○

いずれにしても、この分段生死《ぶんだんせいし》注⑫の肉身《にくしん》、有漏雑染《うろうざつせん》注⑬の識心《しきしん》を捨《す》てず、また苦穢濁悪《くえだくあく》不公平《ふこうへい》なる現社会《げんしゃかい》に離《はな》れずして、ことごとくこれを美化《びか》し、楽化《らくか》し、天国浄土《てんごくじょうど》を眼前《がんぜん》に実《じつ》現《げん》せしむるのが、皇道大本《こうどうおほもと》の成神観《せいしんかん》注⑭であって、また一大眼目《だいがんもく》とするところである。

（『霊界物語・回顧録』第一巻・第一二章「顕幽一致」大正一〇年一一月八日　王仁）

◆①煩悩即菩提《ぼんのうそくぼだい》…迷《まよ》いのなかにあって悩《なや》みわずらっていても、その本性《ほんしょう》を悟《さと》れば、その —

まま悟《さと》りの境地《きょうち》となる。仏典《ぶってん》のことば。
②生死即涅槃《しょうじそくねはん》…仏陀《ぶっだ》の目《め》から生老病死《しょうろうびょうし》の四苦《く》を見《み》れば、四苦《く》の差別相《さべつそう》を離《はな》れて悟《さと》りの境地《きょうち》も存在《そんざい》しない。
③娑婆即浄土《しゃばそくじょうど》…この世《よ》はそのまま本質的《ほんしつてき》には浄土《じょうど》である。
④仏凡本来不二《ぶつぼんほんらいふじ》…仏陀《ぶっだ》も、悟《さと》りを開《ひら》いていない凡俗《ぼんぞく》の人間《にんげん》も、仏性《ぶっしょう》を備《そな》えているという意味《いみ》。仏《ほとけ》も凡俗《ぼんぞく》も平等《びょうどう》であり、無差別《むさべつ》である。
⑤勝論外道《しょうろんげどう》…古代《こだい》インドの哲学《てつがく》の一派《ぱ》で、道徳的生活《どうとくてきせいかつ》から信仰《しんこう》に進《すす》むことを説《と》いた。外道《げどう》は、仏教以外《ぶっきょういがい》の教説《きょうせつ》をいうが、ここでは惟神《かんながら》の大道以外《だいどういがい》の教《おしえ》の意《い》。
⑥理趣経《りしゅきょう》…正式《せいしき》には「大楽金剛不空真実三摩耶経《だいらくこんごうふくうしんじつさんまやきょう》」真言宗《しんごんしゅう》の読誦経典《どくじゅきょうてん》。万物《ばんぶつ》の本体《ほんたい》が清浄《せいじょう》であることを明《あき》らかにし、密教《みっきょう》の極意《ごくい》や即身成仏《そくしんじょうぶつ》の教義《きょうぎ》を説《と》く。空海《くうかい》が中国《ちゅうごく》から持《も》ち帰《かえ》ったとされている。
⑦三摩《ま》地《じ》…心《こころ》が統《とう》一され、安定《あんてい》した状態《じょうたい》。一つのことに心《こころ》を専注《せんちゅう》して無念《むねん》になること。

禅定《ぜんじょう》。三昧《まい》の別称《べっしょう》。

・大貪大痴是三摩地《だいとんだいちこれさんまじ》…人間《にんげん》の貪《むさぼ》りや愚《おろ》かな心《こころ》はそのまま悟《さと》りである。

⑧浄菩提《じょうぼだい》…すぐれた悟《さと》りの境地《きょうち》。

⑨淫欲是道《いんよくぜどう》…密教《みっきょう》でいう肉体《にくたい》の欲望《よくぼう》もそのまま悟《さと》りの道《みち》であるとする教《おしえ》。

⑩当相即道《とうそうそくどう》…密教《みっきょう》でいう現《げん》にあらわれているものもこの現象《げんしょう》や動《うご》きが、そのまま悟《さと》りの道《みち》であるとする教《おしえ》。ここでは「相応《そうおう》の理《り》」という。

⑪済度《さいど》…仏《ほとけ》・菩薩《ぼさつ》が苦海《くかい》にある衆生《しゅじょう》を済《すく》い出《だ》して涅槃《ねはん》に度《わた》らせること。法《ほう》を説《と》いて人々《ひとびと》を迷《まよ》いから解放《かいほう》し悟《さと》りを開《ひら》かせること。

⑫分段生死《ぶんだんせいし》の肉身《にくしん》…生《う》まれてきた境涯《きょうがい》そのままの肉体《にくたい》。

⑬有漏雑染《うろうざつせん》の識心《しきしん》…迷《まよ》いに閉《と》ざされ、雑多《ざった》な思想《しそう》に染《そ》まっている凡夫《ぼんぷ》そのままの心《こころ》。

⑭成神観《せいしんかん》…神観《しんかん》を形成《けいせい》している内容《ないよう》。

(三) 重要な霊界現界の相応の理

現代人《げんだいじん》は、霊界《れいかい》一切《さい》の事物《じぶつ》と、人間《にんげん》一切《さい》の事物《じぶつ》との間《あいだ》に、一種《しゅ》の相応《そうおう》あることを知《し》らず、また相応《そうおう》の何《なん》たるを知《し》るものがない。かかる無智《むち》の原因《げんいん》には種々《しゅじゅ》あれども、その重《おも》なるものは「我《が》」と世間《せけん》とに執着《しゅうちゃく》して、自《みずか》ら霊界《れいかい》ことに天界《てんかい》より遠《とお》ざか（れ）るに由《よ》るものである。

何事《なにごと》をもさしおきて、吾《われ》と世間《せけん》とを愛《あい》するものはただ外的感覚《がいてきかんかく》を喜《よろこ》ばし、自己《じこ》の所欲《しょよく》を遂《と》げしむるところの世間的事物《せけんてきじぶつ》にのみに留意《りゅうい》して、その外《ほか》を顧《かえり》みず、すなわち内的感覚《ないてきかんかく》を楽《たの》しまし、心霊《しんれい》を喜《よろこ》ばしむるところの霊的事物《れいてきじぶつ》にいたっては、彼《かれ》らの関心《かんしん》せざるところである。

彼《かれ》らがこれを斥《しりぞ》ける口実《こうじつ》に曰《いわ》く、「霊的事物《れいてきじぶつ》はあまり高《たか》きに過《す》ぎて思想《しそう》の対象《たいしょう》（対境《たいきょう》）となるを能《あた》はず」云々《うんぬん》。されど古《いにしえ》の人《ひと》なる宣伝使《せんでんし》や信者《しんじゃ》たりしものは、これに反《はん》して、相応《そうおう》に関《かん》する知識《ちしき》をもって、一切知識中《さいちしきちゅう》の最《もっと》も重要《じゅうよう》なるものとなし、これに由《よ》りて、智慧《ちえ》と証覚《しょうかく》を得《え》たものである。

ゆえに注三五教《あなないきょう》の信者《しんじゃ》は、いずれも天界《てんかい》との交通《こうつう》の途《みち》を開《ひら》きて、相応《そうおう》の理《り》を知得《ちとく》し、天人《てんにん》の知識《ちしき》を得《え》たものである。すなわち天的人間《てんてきにんげん》であった太古《たいこ》の人民《じんみん》は、相応《そうおう》の理《り》に基《もとづ》いて思索《しさく》すること、なお天人《てんにん》のごとくであった。これゆえに、古《いにしえ》の人《ひと》は天人《てんにん》と相語《あいかた》るを得《え》たり、またしばしば主神《すしん》をも相見《あいみ》るを得《え》て、その教《おしえ》を直接《ちょくせつ》に受《う》けたものも沢山《たくさん》にある。

三五教《あなないきょう》の宣伝使《せんでんし》などは、主《す》の神《かみ》の直接《ちょくせつ》の教《おしえ》を受《う》けて、その心魂《しんこん》を研《みが》き、これを天下《てんか》に宣伝《せんでん》したる次第《しだい》は、この『霊界物語《れいかいものがたり》』を見《み》るも明白《めいはく》である。現代《げんだい》の宣伝使《せんでんし》にいたっては、この知識《ちしき》まったく絶滅《ぜつめつ》し、相応《そうおう》の理《り》の何《なん》たるかを知《し》るものは、宗教各団体《しゅうきょうかくだんたい》を通《つう》じて一人《にん》も無《な》いといってもいいくらいである。

○

相応《そうおう》の何《なん》たるかを知《し》らずしては、霊界《れいかい》について明白《めいはく》なる知識《ちしき》を有《ゆう》するを得《え》ない。かく霊《れい》界《かい》の事物《じぶつ》に無智《むち》なる人間《にんげん》は、また霊界《れいかい》より自然界《しぜんかい》に対《たい》する内流《ないりゅう》の何物《なにもの》たるを知《し》ることが出《で》来《き》ない。

また霊的事物《れいてきじぶつ》の自然的事物《しぜんてきじぶつ》に対《たい》する関係《かんけい》すら知《し》ることが出来《でき》ない。霊魂《れいこん》と称《しょう》する人間《にんげん》の心霊《しんれい》が、その身体《からだ》に及《およ》ぼすところの活動《かつどう》や、死後《しご》における人間《にんげん》の情態《じょうたい》に関《かん》して、毫《ごう》も明白《めいはく》なる思想《しそう》を有《ゆう》すること能《あた》わず、ゆえにいま何《なに》をか相応《そうおう》といい、如何《いか》なるものを相応《そうおう》となすかを説《と》く必要《ひつよう》があると思《おも》う。

○

そもそも全自然界《ぜんしぜんかい》はこれを総体《そうたい》の上《うえ》から見《み》ても、分体《ぶんたい》の上《うえ》から見《み》ても、ことごとく霊界《れいかい》と相応《そうおう》がある。ゆえに何事《なにごと》たりとも、自然界《しぜんかい》にあってその存在《そんざい》の源泉《げんせん》を霊界《れいかい》にとるものは、これを名《な》づけて、その相応者《そうおうしゃ》というのである。そして自然界《しぜんかい》の存在《そんざい》し永続《えいぞく》する所以《ゆえん》は霊界《れいかい》によること、なお結果《けっか》が有力因《ゆうりょくいん》によりて存《そん》するがごときを知《し》るべきである。

自然界《しぜんかい》とは、太陽《たいよう》の下《もと》にありて、これより熱《ねつ》と光《ひかり》とを受《う》くる一切《さい》の事物《じぶつ》をいうものなるがゆえに、これに由《よ》りて存在《そんざい》を継続《けいぞく》するものは、一《いっ》として自然界《しぜんかい》に属《ぞく》せないものはない。されど霊界《れいかい》とは天界《てんかい》のことであり、霊界《れいかい》に属《ぞく》するものは、みな天界《てんかい》にあるものである。

○

人間《にんげん》は一小天界《しょうてんかい》にしてまた一小世界《しょうせかい》である。しかして共《とも》にその至大《しだい》なるものの形式《けいしき》を模《も》して成《な》るがゆえに、人間《にんげん》の中《なか》に自然界《しぜんかい》もあり霊界《れいかい》もあるのである。その心性《しんせい》に属《ぞく》して、智《ち》と意《い》とに関《かん》せる内分《ないぶん》は霊界《れいかい》を作《つく》り、その肉体《にくたい》に属《ぞく》して感覚《かんかく》と動作《どうさ》とに関《かん》する外分《がいぶん》は自然《しぜん》界《かい》を作《な》すのである。

ゆえに自然界《しぜんかい》に在《あ》るもの、すなわち彼《か》の肉体《にくたい》およびその感覚《かんかく》と動作《どうさ》とに属《ぞく》するものにして、その存在《そんざい》の源泉《げんせん》を彼《かれ》が霊界《れいかい》に有《ゆう》する時《とき》は、すなわち彼《かれ》が心性《しんせい》およびその智力《ちりょく》と意力《いりょく》とより起《おこ》り来《き》たる時《とき》は、これを名《な》づけて相応者《そうおうしゃ》というのである。

○

三五教《あなないきょう》の宣伝使《せんでんし》にして、以上相応《いじょうそうおう》の真理《しんり》を知悉《ちしつ》せざりしものは、ただの一人《にん》も無《な》かったのは、実《じつ》に主《す》の神《かみ》の神格《しんかく》を充分《じゅうぶん》に認識《にんしき》し得《え》たためであります。願《ねが》わくは、この物語《ものがたり》に心《こころ》を潜《ひそ》めて神《かみ》の大御心《おおみこころ》のあるところを会得《えとく》し、かつ相応《そうおう》の真理《しんり》を覚《さと》り、現界《げんかい》においては万民《ばんみん》を善道《ぜんどう》に救《すく》い、死後《しご》は必《かなら》ず天界《てんかい》に上《のぼ》り、天人《てんにん》の班《はん》に相伍《あいご》して神業《しんぎょう》に参加《さんか》せられんことを希望《きぼう》いたします。

（『霊界物語』第四七巻・第二一章「跋文」大正一二年一月一〇日）

◆三五教《あなないきょう》…救世主神《きゅうせいすしん》・神素盞鳴大神《かむすさのおおおかみ》が、地上天国《ちじょうてんごく》・黄金世界《おうごんせかい》を建設《けんせつ》される経綸《けいりん》の書《しょ》『霊界物語《れいかいものがたり》』を経典《きょうてん》に霊主体従《れいしゅたいじゅう》・内分《ないぶん》の教《おしえ》を説《と》き、救世《きゅうせい》の用《よう》を実践《じっせん》する。

（四）現界と霊界の相応は用（主神の目的）により成就する

主神《すしん》の国土《こくど》は目的《もくてき》の国土《こくど》である。目的《もくてき》とは用《よう》そのものである。ゆえに主神《すしん》の国土《こくど》を称《しょう》して、用《よう》の国土《こくど》というも可《か》なるわけである。用《よう》これ目的《もくてき》である。ゆえに主神《すしん》は、神格《しんかく》の始《はじ》めに宇宙《うちゅう》を創造《そうぞう》し、形成《けいせい》し給《たま》うや、初《はじ》めは天界《てんかい》においてなし給《たま》い、次《つぎ》は世界《せかい》において到《いた》るところ、動作《どうさ》の上《うえ》すなわち結果《けっか》の上《うえ》に用《よう》を発揮《はっき》せんとし給《たま》うた。種々《しゅじゅ》の度《ど》を経《へ》、次第《しだい》を逐《お》いて自然界《しぜんかい》の終局点《しゅうきょくてん》にまでも至《いた》らなければ已《や》まない。ゆえに自然界事物《しぜんかいじぶつ》と霊界事物《れいかいじぶつ》すなわち世間《せけん》と天界《てんかい》の相応《そうおう》は、用《よう》によって成就《じょうじゅ》することを知《し》り得《え》るのである。

この両者《りょうしゃ》を和合《わごう》せしむるものは即《すなわ》ち用《よう》である。そしてこの用《よう》を中《なか》に収《おさ》めるところのものは形体《けいたい》である。この形体《けいたい》を相応《そうおう》となす、すなわち和合《わごう》の媒介《ばいかい》である。されどその形態《けいたい》にして没交渉《ぼっこうしょう》なる時《とき》は、かくのごときことなきを知《し》るべしである。自然界《しぜんかい》にありてその三重《じゅう》の国土中《こくどちゅう》、順序《じゅんじょ》にしたがって存在《そんざい》するものは、すべて用《よう》を収《おさ》めたる形態《けいたい》である。すなわち用《よう》のため用《よう》によって作《つく》られたる結果《けっか》である。ゆえにかくのごとき自然界中《しぜんかいちゅう》の諸物《しょぶつ》はみな相《そう》応者《おうしゃ》である。

○

されど人間《にんげん》にあっては、神《かみ》の法則《ほうそく》に従《したが》って生活《せいかつ》する限《かぎ》り、即《すなわ》ち主神《すしん》に対《たい》して愛《あい》、隣人《りんじん》に対《たい》して仁《じん》ある限《かぎ》り、かれの行動《こうどう》は用《よう》の形態《けいたい》に現《あら》われたものである。これ天界《てんかい》と和合《わごう》するところの相応《そうおう》である。主神《すしん》と隣人《りんじん》を愛《あい》するというのは、要《よう》するに用《よう》をとげることである。人間《にんげん》なるものは、自然界《しぜんかい》をして霊界《れいかい》に和合《わごう》せしめる方便《ほうべん》すなわち和合《わごう》の媒介者《ばいかいしゃ》なることである。けだし人間《にんげん》には、自然界《しぜんかい》と霊界《れいかい》と二つのものが具《そな》わっているものである。人間《にんげん》はその霊的《れいてき》なることにおいて、和合《わごう》の媒介者《ばいかいしゃ》となるけれども、もし然《しか》らずして、自然的《しぜんてき》となればこの事《こと》あるを得《え》ないのである。

さはいえ、神格《しんかく》の内流《ないりゅう》は、人間《にんげん》の媒介《ばいかい》を経《へ》ずとも、絶《た》えず世間《せけん》に流《なが》れ入《い》り、また人間内《にんげんない》の世間的事物《せけんてきじぶつ》にも流《なが》れ入《い》るものである。ただしその理性《りせい》（的《てき》）には入《はい》らぬものである。

○

すべて神《かみ》の法則《ほうそく》に従《したが》うものは、ことごとく天界《てんかい》に相応《そうおう》すれども、これと反《はん》するものは、みな地獄《じごく》と相応《そうおう》するものである。天界《てんかい》に相応《そうおう》するものはみな善《ぜん》と真《しん》とに関係《かんけい》があるが、地《じ》獄《ごく》と相応《そうおう》するものは偽《いつわ》りと罪悪《ざいあく》に交渉《こうしょう》しないものはないのである。

霊界《れいかい》はもろもろの相応《そうおう》によって自然界《しぜんかい》と和合《わごう》するがゆえに、人《ひと》は諸々《もろもろ》の相応《そうおう》によって天《てん》界《かい》と交通《こうつう》することを得《え》るものである。在天《ざいてん》の天人《てんにん》は人間《にんげん》のごとく自然的事物《しぜんてきじぶつ》によって思索《しさく》をしない。人間《にんげん》にしてもし諸相応《しょそうおう》の知識《ちしき》に住《じゅう》する時《とき》は、その心《こころ》の上《うえ》にある思想《しそう》より見《み》て、天人《てんにん》と相伍《あいご》するものとなすべく、かくしてその霊的《れいてき》、内的人格《ないてきじんかく》において天人《てんにん》と和合《わごう》せるものである。

○

地上《ちじょう》における最太古《さいたいこ》の人間《にんげん》は、すなわち天的人間《てんてきにんげん》であって、相応《そうおう》そのものに由《よ》って思索《しさく》し、彼《かれ》らの眼前《がんぜん》に横《よこ》たわれる世間《せけん》の自然的事物《しぜんてきじぶつ》は、彼《かれ》ら天的人間《てんてきにんげん》が思索《しさく》をなすところの方便《ほうべん》に過《す》ぎなかったのである。太古《たいこ》の人間《にんげん》は、天人《てんにん》とたがいに相交《あいまじ》わり相語《あいかた》り、天界《てんかい》と世間《せけん》との和合《わごう》は、彼《かれ》らを通《とお》して成就《じょうじゅ》したのである。これの時代《じだい》を黄金時代《おうごんじだい》というのである。次《つぎ》に天界《てんかい》の住民《じゅうみん》は、地上《ちじょう》の人間《にんげん》と共《とも》におり、人間《にんげん》と交《まじ》わること朋侶《ほうりょ》のごとくであった。されど最早《もはや》この時代《じだい》の人間《にんげん》は、相応《そうおう》そのものより思索《しさく》せずして、相応《そうおう》の知識《ちしき》よりせるによって、なお天《てん》と人《ひと》との和合《わごう》はあったけれども、以前《いぜん》のようには親密《しんみつ》でなかった。この時代《じだい》を白銀時代《はくぎんじだい》と云《い》う。

またこの白銀時代《はくぎんじだい》を継《つ》いだものは、相応《そうおう》は知《し》らぬにはあらざれども、その思索《しさく》は相応《そうおう》の知識《ちしき》によらなかった。ゆえに彼《かれ》らがおるところの善徳《ぜんとく》なるものは、自然的《しぜんてき》のものであって、前時代《ぜんじだい》の人《ひと》のごとく霊的《れいてき》たることを得《え》なかった。これを赤銅時代《せきどうじだい》と云《い》ったのである。

この時代以後《じだいいご》は、人間《にんげん》は次第《しだい》しだいに外的《がいてき》となり、ついに肉体的《にくたいてき》となり、従《したが》って相応《そうおう》の知識《ちしき》なるもの全《まった》く地《ち》に墜《お》ちて、天界《てんかい》の知識《ちしき》ことごとく亡《ほろ》び、霊界《れいかい》に関《かん》する数多《あまた》の事項《じこう》も、おいおいと会得《えとく》しがたくなったのである。

また黄金《おうごん》は相応《そうおう》によって天国《てんごく》の善《ぜん》を表《あら》わし、最太古《さいたいこ》の人《ひと》のおりし境遇《きょうぐう》である。また白銀《はくぎん》は霊国《れいごく》の善《ぜん》を表《あら》わし、中古《ちゅうこ》の人《ひと》のおりし境遇《きょうぐう》であった。赤銅《せきどう》は自然界《しぜんかい》の善《ぜん》を表《あら》わし、古《いにしえ》の人《ひと》のおりし境遇《きょうぐう》である。さらに下《くだ》って、黒鉄時代《こくてつじだい》を現出《げんしゅつ》した。黒鉄《こくてつ》なるものは、冷酷《れいこく》なる真《しん》を現《あら》わし、善《ぜん》はこれにおらない時代《じだい》である。

これを思《おも》うに、現今《げんこん》の時代《じだい》は、全《まった》く黒鉄時代《こくてつじだい》を過《す》ぎて、泥土世界《でいどせかい》と堕落《だらく》し、善《ぜん》も真《しん》もその影《かげ》を没《ぼつ》してしまった暗黒無明《あんこくむみょう》の地獄《じごく》である。

（『霊界物語』第四七巻・第二一章「跋文」大正一二年一月一〇日）

（五）宇宙は我有なり

「神《かみ》は万物普遍《ばんぶつふへん》の霊《れい》にして人《ひと》は天地経綸《てんちけいりん》の司宰《しさい》なり。神人感合《しんじんかんごう》して茲《ここ》に無限《むげん》の権力《けんりょく》を発揮《はっき》す」とは、吾曹《ごそう》のかって唱導《しょうどう》せるモットーである。

深夜天地《しんやてんち》静《しず》まって後《のち》、おもむろに人生《じんせい》はいかなるものなるかを考《かんが》うる時《とき》、釈然《しゃくぜん》として胸中《きょうちゅう》に輝《かがや》くものは人生本来《じんせいほんらい》の光明《こうみょう》である。人《ひと》はこれ宇宙《うちゅう》の断片《だんぺん》、いな宇宙《うちゅう》そのものである、宇宙即人《うちゅうそくひと》である。

吾曹《ごそう》は社会人類《しゃかいじんるい》のため地上《ちじょう》に平安《へいあん》と幸福《こうふく》とを来《きた》さんとして、つねに孜々《しし》として活動《かつどう》すれども、その本然《ほんぜん》の誠《まこと》にたちかえってわが心性《しんせい》をかえりみるとき、かならずや自己愛的幻影《じこあいてきげんえい》をみとむることを悲《かな》しまざるをえないのである。しかしながら、宇宙《うちゅう》に我《われ》あり、我《われ》に宇宙《うちゅう》ありという心境《しんきょう》に到達《とうたつ》せるとき、我宇宙《われうちゅう》のために改善《かいぜん》の神業《しんぎょう》をつくさんと思《おも》う。

自分《じぶん》が創造《そうぞう》した大宇宙《だいうちゅう》、わが本体《ほんたい》たる宇宙《うちゅう》または世界《せかい》のために活動《かつどう》するは、その実《じつ》、わが畠《はたけ》に生《は》えたる雑草《ざっそう》をひき抜《ぬ》き、わが植《う》えつけたる苗《なえ》の完全《かんぜん》に発達《はったつ》せんことを希《ねが》うのあまり、自己《じこ》のかならずなすべき神業《しんぎょう》として全力《ぜんりょく》をつくすにあるのみである。いずくんぞ社会《しゃかい》

•久方の天津御国を地の上に　うつし世の状面白きかな

地上天国 ④

のため、人類《じんるい》のため、他人《たにん》のために真《しん》につくすの誠意《せいい》あらんや。各人《かくじん》が神人合一《しんじんごう》の真理《しんり》にめざめたるとき、各人《かくじん》は世界《せかい》いっさいの事物《じぶつ》にたいして我有《がゆう》となし、活動《かつどう》するにいたるのである。一木《もく》一草《そう》といえども、みな宇宙神霊《うちゆうしんれい》の宿《やど》りたまわざるはない。みなこれ我《が》の所現《しよげん》にして、千古不磨《せんこふま》の真理《しんり》である。ゆえに人《ひと》は、天地経綸《てんちけいりん》の司宰《しさい》であり、天地《てんち》の花《はな》であり、万物《ばんぶつ》の霊長《れいちよう》であり、神《かみ》の生宮《いきみや》であるのだ。

天《てん》を背景《はいけい》として地《ち》を舞台《ぶたい》となし、青雲《あおくも》の振袖《ふりそで》を神風《かみかぜ》にひるがえし、わが所有物《しよゆうぶつ》たる宇《う》宙《ちゆう》啓発《けいはつ》のために一大飛躍《だいひやく》をこころむるもまた、人《ひと》としての大快事《だいかいじ》である。ゆえに人間《にんげん》は、けっして他《た》のために活動《かつどう》するほどの誠意《せいい》もなければ、親切《しんせつ》も余裕《よゆう》もない。ただただ大《だい》なる宇宙我有《うちゆうがゆう》ある大欲望《だいよくぼう》のためにのみ、活動《かつどう》をつづけるのみである。

大宇宙我有《だいうちゆうがゆう》なりと思《おも》うより　千辛万苦《せんしんばんく》も楽《たの》しかりけり

（『瑞祥新聞』「宇宙は我有なり」大正一四年八月一一日）

第六章　天国の概要

（一）天人は全て人間が向上したもの

すべて人間《にんげん》が、現実界《げんじつかい》に生《う》まれてきたのは、いわば天人《てんにん》の胞衣《えな》のごときものである。そうしてまた天人《てんにん》の養成器《ようせいき》となり、苗代《なわしろ》となり、また霊子《れいし》の温鳥《ぬくめどり》となり、天人《てんにん》の苗《なえ》を育《そだ》つる農夫《のうふ》ともなり得《う》るとともに、人間《にんげん》は天人《てんにん》そのものであり、また在天国《ざいてんごく》の天人《てんにん》は、人間《にんげん》が善徳《ぜんとく》の発達《はったつ》したものである。そうして天人《てんにん》は、愛善《あいぜん》と信真《しんしん》によって永遠《えいえん》の生命《せいめい》を保持《ほじ》し得《う》るものである。ゆえに人間《にんげん》は、現界《げんかい》の生《せい》を終《お》え天国《てんごく》に復活《ふっかつ》し、現界人《げんかいじん》と相似《そうじ》せる生涯《しょうがい》を永遠《えいえん》に送《おく》り、天国《てんごく》の円満《えんまん》をしてますます円満《えんまん》ならしむべく活動《かつどう》せしめるために、大神《おおかみ》の目的《もくてき》によって造《つく》りなされたものである。

〇

ゆえに高天原《たかあまはら》における天国《てんごく》および霊国《れいごく》の天人《てんにん》は、一人《り》として人間《にんげん》より来《き》たらないものはない。大神様《おおかみさま》をのぞく外《ほか》、一個《こ》の天人《てんにん》たりとも、天国《てんごく》において生《う》まれたものはないのである。必《かなら》ず神格《しんかく》の内流《ないりゅう》は、終極点《しゅうきょくてん》たる人間《にんげん》の肉体《にくたい》に来《き》たり、ここに留《とど》まってその霊性《れいせい》を発《はっ》達《たっ》せしめ、しかして後《のち》、天国《てんごく》へ復活《ふっかつ》し、ここに初《はじ》めて天国各団体《てんごくかくだんたい》を構成《こうせい》するに至《いた》るものである。ゆえに、人《ひと》は天地経綸《てんちけいりん》の司宰者《しさいしゃ》といい、また天地《てんち》の花《はな》といい、神《かみ》の生宮《いきみや》と称《とな》える所《ゆ》以《えん》である。

○

愚昧《ぐまい》なる古今《ここん》の宗教家《しゅうきょうか》や伝教者《でんきょうしゃ》は、おおむねこの理《り》をわきまえず、天人《てんにん》といえば、元《もと》より天国《てんごく》に在《あ》って特別《とくべつ》の神《かみ》の恩恵《おんけい》によって天国《てんごく》に生《う》まれたるもののごとく考《かんが》え、また地獄《じごく》にある悪鬼《あくき》どもは、元《もと》より地獄《じごく》に発生《はっせい》せしもののように考《かんが》え、その地獄《じごく》の邪気《じゃき》が、人間《にんげん》の堕《だ》落《らく》したる霊魂《れいこん》を制御《せいぎょ》し、あるいは苦《くる》しむものとのみ考《かんが》えていたのである。これは大《だい》なる誤《ご》解《かい》であって、数多《あまた》の人間《にんげん》を迷《まよ》わすこと、実《じつ》に大《だい》なりというべしである。ここにおいて、神《かみ》は時機《じき》を考《かんが》え、弥勒《みろく》を世《よ》に降《くだ》し、全天界《ぜんてんかい》の一切《さい》をその腹中《ふくちゅう》に胎蔵《たいぞう》せしめ、これを地上《ちじょう》の万《ばん》民《みん》に諭《さと》し、天国《てんごく》の福音《ふくいん》を、完全《うまら》に詳細《つばら》に示《しめ》させたまう仁慈《みろく》の御代《みよ》が到来《とうらい》したのである。

（『霊界物語』第四八巻・第一二章「西王母」大正一二年一月一三日）

（二）人間は宇宙の縮図

高天原《たかあまはら》と天界《てんかい》は、至大《しだい》なる一形式《けいしき》をそなえた一個人《こじん》である。

そうして、高天原《たかあまはら》に構成《こうせい》されたる天国《てんごく》の各団体《かくだんたい》は、これに次《つ》げるところの大《だい》なる形式《けいしき》を備《そな》えたる一個人《こじん》のようなものである。そうして天人《てんにん》は、またその至小《ししょう》なる一個人《こじん》である。人間《にんげん》もまた天界《てんかい》の模型《もけい》であり、小天地《しょうてんち》である。神《かみ》はこの一個人《こじん》なる高天原《たかあまはら》の頭脳《ずのう》となって、その中《なか》に住《じゅう》したまい、万有《ばんゆう》一切《さい》を統御《とうぎょ》したまうゆえに、また地獄界《じごくかい》も統御《とうぎょ》したまうは自然《しぜん》の道理《どうり》である。人間《にんげん》もまたその形体中《けいたいちゅう》に、天国《てんごく》の小団体《しょうだんたい》たる諸官能《しょかんのう》を備《そな》え、種々《しゅじゅ》の機関《きかん》を蔵《ぞう》し、しかして天国《てんごく》、地獄《じごく》を包含《ほうがん》しているものである。

さて高天原《たかあまはら》のごとき極《きわ》めて円満具足《えんまんぐそく》せる形式《けいしき》を有《ゆう》するものには、おのおの分体《ぶんたい》に全般《ぜんぱん》の面影《おもかげ》があり、また全般《ぜんぱん》に各分体《かくぶんたい》の面影《おもかげ》がある。その理由《りゆう》は、高天原《たかあまはら》は一個《こ》の結社《けっしゃ》のようなものであって、その一切《さい》の所有《しょゆう》を衆《しゅう》と共《とも》に相分《あいわか》ち、衆《しゅう》はまた一切《さい》のその所有《しょゆう》を、結社《けっしゃ》より受領《じゅりょう》して生涯《しょうがい》を送《おく》るゆえである。かくのごとく天界《てんかい》の天人《てんにん》は、一切《さい》の天的事物《てんてきじぶつ》の受領者《じゅりょうしゃ》なるによって、彼はまた一個《こ》の天界《てんかい》のきわめて小《しょう》なるものとなすのである。現界《げんかい》の人間《にんげん》といえども、その身《み》の中《うち》に、高天原《たかあまはら》の善《ぜん》を接受《せつじゅ》するかぎり、天人《てんにん》のごとき受領者《じゅりょうしゃ》ともなり、一個《こ》の天界《てんかい》ともなり、また一個《こ》の天人《てんにん》となるものである。

(『霊界物語』第四八巻・第一二章「西王母」大正一二年一月一三日)

○

天国《てんごく》の全般《ぜんぱん》を総称《そうしょう》して、大神人《だいしんじん》と神界《しんかい》にては称《とな》えられる理由《りゆう》は、天界《てんかい》の形式《けいしき》は、すべて一個人《こじん》として統御《とうぎょ》されるからである。ゆえに地《ち》の高天原《たかあまはら》は、一個《こ》の大神人《だいしんじん》であり、その高《たか》天原《あまはら》を代表《だいひょう》して、愛善《あいぜん》の徳《とく》と信真《しんしん》の光《ひかり》を照《て》らし、暗《やみ》に迷《まよ》える人間《にんげん》に、智慧《ちえ》と証覚《しょうかく》を与《あた》えんとする霊界《れいかい》の担当者《たんとうしゃ》は、すなわち大神人《だいしんじん》である。神人《しんじん》の大本《おほもと》か、大本《おほもと》の神人《しんじん》か……というべきほどのものである。これは現幽相応《げんゆうそうおう》の理《り》より見《み》れば、けっして架空《かくう》の言《げん》でもない。また一般《ぱん》の信徒《しんと》は、いわゆる一個《こ》の大神人《だいしんじん》の体《たい》に有《ゆう》する心臓《しんぞう》、肺臓《はいぞう》、頭部《とうぶ》、腰部《ようぶ》、その他《た》四肢《し》の末端《まったん》に至《いた》るまでの各個体《かくこたい》である。

天界《てんかい》を大神《おおかみ》はかくのごとく一個人《こじん》として、すなわち単元《たんげん》として、これを統御《とうぎょ》したまうのである。ゆえに人間《にんげん》は、宇宙《うちゅう》の縮図《しゅくず》といい、小天地《しょうてんち》といい、天地経綸《てんちけいりん》の司宰者《しさいしゃ》という。人《にん》間《げん》の身体《しんたい》は、その全分《ぜんぶん》にあっても、その固体《こたい》にあっても、千態万様《せんたいばんよう》の事物《じぶつ》より組織《そしき》されたるは、人《ひと》のよく知《し》るところである。すなわち全分《ぜんぶん》より見《み》れば、肢節《しせつ》あり、気管《きかん》あり、臓腑《ぞうふ》あり、個体《こたい》の上《うえ》より観《み》れば、繊維《せんい》あり、神経《しんけい》あり、血管《けっかん》あり、かくて肢体《したい》のうちに肢体《したい》あり、部分《ぶぶん》のうちに部分《ぶぶん》あれども、一個人《こじん》として活動《かつどう》する時《とき》は、単元《たんげん》として活動《かつどう》するものである。ゆえに個体《こたい》たる各信者《かくしんじゃ》は、一個《こ》の単元体《たんげんたい》たる大神人《だいしんじん》の心《こころ》をもって心《こころ》となし、地上《ちじょう》に天国《てんごく》を建設《けんせつ》し、地獄界《じごくかい》の片影《へんえい》をも留《とど》めざらしむるよう、努力《どりょく》すべきものである。

（『霊界物語』第四九巻・第二章「大神人」大正一二年一月一六日）

高天原《たかあまはら》の形式《けいしき》を、その細目《さいもく》にわたって了解《りょうかい》することや、またこの形式《けいしき》がいかなる状態《じょうたい》に活動《かつどう》し、いかに流通《りゅうつう》するかを会得《えとく》するのは、現在《げんざい》、天国《てんごく》にある天人《てんにん》といえども能《よ》くし得《え》ざるところである。

○

これをたとえるならば、最《もっと》も聡明《そうめい》にして神《かみ》の智慧《ちえ》に富《と》んだ人《ひと》が、人体《じんたい》における種々《しゅじゅ》の事物《ぶつ》の形態《けいたい》を検査《けんさ》し、これより推《お》して考《かんが》える時《とき》は、高天原《たかあまはら》のその形式《けいしき》に関《かん》して、あるいはその大要《たいよう》を悟《さと》り得《え》ることが出来《でき》るであろう。

高天原《たかあまはら》の全体《ぜんたい》の形式《けいしき》は、一個《こ》の人身《じんしん》に似《に》ているようである。また人身中《じんしんちゅう》における万《よろず》の事《じ》物《ぶつ》は、すべて高天原《たかあまはら》の事物《じぶつ》に相応《そうおう》するものである。ゆえに高天原《たかあまはら》の形式《けいしき》が、いかに人間《にんげん》として解《かい》し難《がた》く、また説明《せつめい》し難《がた》きかは、人間各部《にんげんかくぶ》を連結《れんけつ》するところの神経《しんけい》や繊維《せんい》を見《み》たならば、ほぼ察知《さっち》することが出来《でき》るであろう。

これらの神経《しんけい》、繊維《せんい》はそもそも何物《なにもの》なるか、また如何《いか》にして脳髄中《のうずいちゅう》に活動《かつどう》し流行《りゅうこう》しているかは、いかなる医学博士《いがくはかせ》といえども、肉眼《にくがん》をもって、あるいは顕微鏡《けんびきょう》をもって見得《みう》るものではない。人間《にんげん》の頭脳中《ずのうちゅう》には無数《むすう》の繊維《せんい》があって、交叉《こうさ》する様《さま》や、その集《あつ》まれるところより見《み》れば、実《じつ》に柔《やわ》らかき連絡《れんらく》した一つの固《かた》まりに似《に》ているけれど、意性《いせい》および智性《ちせい》よりするところの、個々別々《ここべつべつ》の活動《かつどう》は、みなこの繊維《せんい》によって行《おこな》われていることは無論《むろん》である。すべてこれらの繊維《せんい》が肉体中《にくたいちゅう》にあって、いかにして相結束《あいけつそく》し活躍《かつやく》するかは、種々《しゅじゅ》さまざまの中枢機関《ちゅうすうきかん》、たとえば心臓《しんぞう》、肺臓《はいぞう》、胃腸《いちょう》、その他《た》のものを見《み》れば明《あき》らかである。

○

また医学上《いがくじょう》において、神経節《しんけいせつ》と呼《よ》ばれている神経《しんけい》の束《たば》を見《み》れば、数多《あまた》の繊維《せんい》が、各《かく》その局部《きょくぶ》より来《き》たってここに集《あつ》まり、ここに交雑《こうざつ》し、また種々《しゅじゅ》に連結《れんけつ》したる後《のち》、ふたたびここを出《い》でゆき、外《ほか》にあって、各《かく》その官能《かんのう》を全《まっと》うするものである。しかして、かくのごときもの一再《さい》にして止《とど》まらない。また各臓腑《かくぞうふ》や各肢体《かくしたい》、各筋肉《かくきんにく》にあっても、この通《とお》りである。証覚者《しょうかくしゃ》の目《め》をもって、これらの事物《じぶつ》とその数多《あまた》の不可思議《ふかしぎ》とを考査《こうさ》する時《とき》は、ただただその幽玄微妙《ゆうげんびみょう》なる活動《かつどう》に驚嘆《きょうたん》する外《ほか》はないのである。しかしながら、以上《いじょう》は肉眼《にくがん》にて見得《みう》るところの、ほんの僅少《きんしょう》の部分的《ぶぶんてき》観察《かんさつ》に過《す》ぎないのである。その自然界《しぜんかい》の内面《ないめん》にかくれて、吾人《ごじん》の視覚《しかく》のおよばないところにある物《もの》にいたっては、さらに一層《そう》の不可思議《ふかしぎ》を包《つつ》んでいるのである。

○

以上《いじょう》の身体上《しんたいじょう》の形式《けいしき》の、高天原《たかあまはら》の形式《けいしき》と相応《そうおう》するという事《こと》は、その形式《けいしき》の中《うち》にあり、これによって働《はたら》くところの智性《ちせい》と意性《いせい》とが、万般《ばんぱん》に対《たい》し発作《ほっさ》するのを見《み》ても明《あき》らかである。人間《にんげん》がその意《い》に決《けつ》するところがあれば、みな自《おのずか》らにして、この形式《けいしき》の上《うえ》に発作《ほっさ》するからである。また人《ひと》いやしくも何《なに》ごとか思惟《しい》するところがあれば、その想念《そうねん》は、最初《さいしょ》の発作点《ほっさてん》より末端《まったん》に至《いた》って、神経繊維《しんけいせんい》の上《うえ》に還流《かんりゅう》せざるはなく、これよりして、ここに感覚《かんかく》なるものがある。そうしてこの形式《けいしき》は、やがて想念《そうねん》と意思《いし》との形式《けいしき》であるゆえに、また智慧《ちえ》と証覚《しょうかく》との形式《けいしき》なりといってもよいのである。ゆえに天界《てんかい》の形式《けいしき》は、人体《じんたい》における総《すべ》ての諸官能《しょかんのう》の活動《かつどう》に相応《そうおう》するものなることを知《し》り得《え》られるのである。

また天人《てんにん》の情動《じょうどう》と想念《そうねん》とは、ことごとくこの形式《けいしき》に従《したが》って、自《おのずか》ら延長《えんちょう》するものなることを知《し》り、彼《かれ》ら天人《てんにん》は、この形式《けいしき》の内《うち》にあるかぎり、智慧《ちえ》と証覚《しょうかく》とにおるものなることを知《し》り得《え》られるのである。しかしながら高天原《たかあまはら》の形式《けいしき》は、その大体《だいたい》の原則《げんそく》すら充分《じゅうぶん》に探究《たんきゅう》すべからざることを、自然界《しぜんかい》の科学万能主義者《かがくばんのうしゅぎしゃ》に知《し》らさんために、人間《にんげん》の身体《からだ》を例《れい》に引《ひ》いてみたのである。

（『霊界物語』第四七巻・第一五章「公義正道」大正一二年一月九日）

（三）天国の富

治国別《はるくにわけ》は竜公《たつこう》と共《とも》に、言霊別命《ことたまわけのみこと》の化相身《けそうしん》なる五三公《いそこう》に案内《あんない》され、中間天国《ちゅうかんてんごく》の各団体《かくだんたい》を訪問《ほうもん》することとなった。五三公《いそこう》は、得《え》もいわれぬ麗《うるわ》しき樹木《じゅもく》の、秩序《ちつじょ》よく間隔《かんかく》を点綴《てんてつ》せる、金砂銀砂《きんしゃぎんしゃ》の布《し》きつめたるごとき平坦路《へいたんろ》を、いそいそとして進《すす》み往《ゆ》く。道《みち》の両方《りょうほう》には、天国《てんごく》の狭田《さだ》、長田《ながた》、高田《たかた》、窪田《くぼた》が展開《てんかい》し、得《え》もいわれぬ、涼風《りょうふう》にそよぐ稲葉《いなば》の音《おと》はサヤサヤと、心地《ここち》よく耳《みみ》に響《ひび》いてくる。天人《てんにん》の男女《だんじょ》は得《え》もいわれぬ麗《うるわ》しき面貌《めんぼう》をしながら、瑪瑙《めのう》のごとく透《す》き通《とお》った脛《すね》を現《あら》わし、水田《みずた》に入《はい》って草取《くさと》りをしながら、勇《いさ》ましき声《こえ》に草取《くさと》り歌《うた》を歌《うた》っている。太陽《たいよう》はあまり高《たか》からず頭上《ずじょう》に輝《かがや》きたれども、自然界《しぜんかい》のごとく焦《こ》げつくような暑《あつ》さもなく、実《じつ》に入《い》り心地《ここち》のよい温泉《おんせん》に入《はい》ったような陽気《ようき》である。そうして天国《てんごく》には決《けっ》して冬《ふゆ》がない、永久《えいきゅう》に草木繁茂《そうもくはんも》し、落葉樹《らくようじゅ》のごときは少《すこ》しも見当《みあた》らない。田面《たのも》は金銀色《きんぎんしょく》の水《みず》にて満《み》たされ、稲葉《いなば》は、青《あお》く風《かぜ》にひるがえるたびごとに金銀《きんぎん》の波《なみ》を打《う》たせ、何《なん》とも筆舌《ひつぜつ》のつくしがたき光景《こうけい》である。………

五三公「治国別様《はるくにわけさま》、御覧《ごらん》なさいませ、天国《てんごく》にもやっぱり農工商《のうこうしょう》の事業《じぎょう》が営《いとな》まれています。そうしてあの通《とお》り、各人《かくじん》は一団《だん》となってその業《ぎょう》を楽《たの》しみ、歓喜《かんき》の生活《せいかつ》を送《おく》っております。実《じつ》に見《み》るも愉快《ゆかい》な光景《こうけい》じゃありませぬか」

治国別「なるほど、実《じつ》に各人《かくじん》おのれを忘《わす》れ、一斉《せい》に業《ぎょう》を楽《たの》しむ光景《こうけい》は、とうてい現界《げんかい》において夢想《むそう》だもできない有様《ありさま》でございますな。そうして、やはり彼《か》の天人《てんにん》どもは、各自《かくじ》に土地《とち》を所有《しよゆう》しているのでございますか」

五三公「イエイエ、土地《とち》は全部《ぜんぶ》団体《だんたい》の公有《こうゆう》です。地上《ちじよう》の世界《せかい》のごとく大地主《おおじぬし》、自作農《じさくのう》または小作農《こさくのう》などの忌《いま》わしき制度《せいど》はございませぬ、皆《みな》一切平等《さいびようどう》に、何事《なにごと》も御神業《ごしんぎよう》と喜《よろこ》ンで額《ひたい》に汗《あせ》をし、神様《かみさま》のために活動《かつどう》しているのです。そうして事業《じぎよう》に趣味《しゆみ》ができて、誰《だれ》一人不服《りふふく》を称《とな》うる者《もの》もなく、甲《こう》の心《こころ》は乙《おつ》の心《こころ》、乙《おつ》の心《こころ》は甲《こう》の心《こころ》、各人《かくじん》みな心《こころ》を合《あわ》せ、何事《なにごと》もみな御神業《ごしんぎよう》と信《しん》じ、あの通《とお》り愉快《ゆかい》に立《た》ち働《はたら》いているのです」

治国別「そうすれば天国《てんごく》においては貧富《ひんぷ》の区別《くべつ》はなく、いわゆる社会主義的制度《しやかいしゆぎてきせいど》が行《おこな》われているのですか」

五三公「天国《てんごく》にも貧富《ひんぷ》の区別《くべつ》があります。同《おな》じ団体《だんたい》の中《なか》にも富者《ふうしや》も貧者《ひんじや》もあります。しかしながら、貧富《ひんぷ》と事業《じぎよう》とは別個《べつこ》のものです」

治国別「働《はたら》きによってその報酬《ほうしゆう》を得《う》るに非《あら》ざれば、貧富《ひんぷ》の区別《くべつ》がつくはずがないじゃありませぬか。同《おな》じように働《はたら》き、同《おな》じ物《もの》を分配《ぶんぱい》して生活《せいかつ》をつづける天人《てんにん》に、どうしてまた貧富《ひんぷ》の区別《くべつ》がつくのでしょうか」

五三公「現界《げんかい》においては、すべて体主霊従《たいしゅれいじゅう》が法則《ほうそく》のようになっています。それゆえ優《すぐ》れたるもの、よく働《はたら》くものが、多《おお》く報酬《ほうしゅう》を得《う》るのは自然界《しぜんかい》のやり方《かた》です。天国《てんごく》においては、すべてが神様《かみさま》のものであり、すべての事業《じぎょう》は神様《かみさま》にさしていただくという考《かんが》えを、いずれの天人《てんにん》も持《も》っております。それゆえ天国《てんごく》においては、貧富《ひんぷ》の区別《くべつ》があっても、貧者《ひんじゃ》は決《けっ》して富者《ふうしゃ》を恨《うら》みませぬ。何人《なにびと》も神《かみ》のお蔭《かげ》によって働《はたら》かしていただくのだ、神《かみ》様《さま》の御神格《ごしんかく》によって生《い》かしていただくのだと、日々《ひび》感謝《かんしゃ》の生活《せいかつ》を送《おく》らしていただくのですから、貧富《ひんぷ》などを天人《てんにん》は念頭《ねんとう》におきませぬ。そして、貧富《ひんぷ》はみな神様《かみさま》の賜《たま》うところで、天人《てんにん》が各自《めいめい》の努力《どりょく》によって獲得《かくとく》したものではありません。いずれも現実界《げんじつかい》にある時《とき》に尽《つく》した善徳《ぜんとく》の如何《いかん》によりて、天国《てんごく》へ来《き》てもやっぱり貧富《ひんぷ》が惟神的《かむながらてき》につくのです。貧者《ひんじゃ》は、富者《ふうしゃ》を見《み》てこれを模範《もはん》とし、善徳《ぜんとく》を積《つ》むことのみを考《かんが》えております。天国《てんごく》における貧富《ひんぷ》は、一厘《りん》一毛《もう》の錯誤《さくご》もなく、不公平《ふこうへい》もありませぬ。その徳相応《とくそうおう》に神《かみ》から授《さず》けらるるのです」

治国別「天国《てんごく》の富者《ふうしゃ》とは、現界《げんかい》において如何《いか》なる事《こと》をいたしたものでございましょうか」

五三公「天国団体《てんごくだんたい》の最《もつと》も富《と》めるものは、現界《げんかい》にあるうちに、よく神《かみ》を理解《りかい》し、愛《あい》のために愛《あい》をなし、善《ぜん》のために善《ぜん》をなし、真《しん》のために真《しん》を行《おこな》い、自利心《じりしん》を捨《す》て、そうして神《かみ》の国《くに》の建設《けんせつ》のために心《こころ》をつくし身《み》をつくし、忠実《ちゅうじつ》なる神《かみ》の下僕《しもべ》となり、かつまた現界《げんかい》においても充分《じゅうぶん》に活動《かつどう》をし、その余財《よざい》を教会《きょうかい》のために捧《ささ》げ、神《かみ》の栄《さかえ》と道《みち》の拡張《かくちょう》にのみ心身《しんしん》を傾注《けいちゅう》したる善徳者《ぜんとくしゃ》が、いわゆる天国《てんごく》の富者《ふうしゃ》であります。つまり現界《げんかい》において宝《たから》を天国《ごく》の庫《くら》に積《つ》んでおいた人《ひと》たちであります。そうして中位《ちゅうい》の富者《ふうしゃ》は、自分《じぶん》の知己《ちき》や朋友《ほうゆう》の危難《きなん》を救《すく》い、また社会公共《しゃかいこうきょう》の救済《きゅうさい》のために財《ざい》を散《さん》じ、隠徳《いんとく》を積《つ》んだ人間《にんげん》が、天国《てんごく》に来《き》たって、大神様《おおかみさま》より相応《そうおう》の財産《ざいさん》を賜《たま》わり、安楽《あんらく》に生活《せいかつ》をつづけているのです。そして天国《てんごく》でいただいた財産《ざいさん》は、すべて神様《かみさま》から賜《たま》わったものですから、地上《ちじょう》の世界《せかい》のごとく、自由《じゆう》にこれを他《た》の天人《てんにん》に施《ほどこ》すことはできませぬ。ただその財産《ざいさん》をもって神様《かみさま》の祭典《さいてん》の費用《ひよう》にあてたり、公休日《こうきゆうび》に天人《てんにん》の団体《だんたい》を吾《わ》が家《や》に招《まね》き、自費《じひ》を投《とう》じて馳走《ちそう》をこしらえ、大勢《おおぜい》と共《とも》に楽《たの》しむのでございます。それゆえ天国《てんごく》の富者《ふうしゃ》は、衆人尊敬《しゅうじんそんけい》の的《まと》となっております」

竜公「それでは聖言《せいげん》に、貧《まず》しきものは幸《さいわ》いなるかな、富《と》めるものの天国《てんごく》に到《いた》るは、針《はり》の穴《あな》をラクダの通《かよ》うよりも難《むずか》し、というじゃありませぬか」

五三公「貧《まず》しきものは常《つね》に心驕《こころおご》らず、神《かみ》の教《おしえ》に頼《よ》り、神《かみ》の救《すく》いを求《もと》め、尊《とうと》き聖言《せいげん》が、比《ひ》較的耳《かくてきみみ》に入《い》り易《やす》うございますが、地上《ちじょう》において何不自由《なにふじゆう》なく財産《ざいさん》のあるものは、知《し》らず知《し》らずに神《かみ》の恩寵《おんちょう》を忘《わす》れ、自己愛《じこあい》に流《なが》れ易《やす》いものですから、その財産《ざいさん》が汚穢《おえ》となり、暗黒《あんこく》となり、あるいは鬼《おに》となって地獄《じごく》へ落《お》とし行《ゆ》くものです。もしも富者《ふうしゃ》にして神《かみ》のために尽《つく》し、また社会《しゃかい》のために隠徳《いんとく》を積《つ》むならば、天国《てんごく》に上《のぼ》り得《う》るの便利《べんり》は貧者《ひんじゃ》よりも多《おお》いかも知《し》れませぬが、世《よ》の中《なか》はようしたもので、富者《ふうしゃ》の天国《てんごく》に来《き》たるものは、聖《せい》言《げん》に示《しめ》されるごとく稀《まれ》なものです。その財産《ざいさん》を悪用《あくよう》して人《ひと》の利益《りえき》を壟断《ろうだん》し、あるいは邪悪《じゃあく》を遂行《すいこう》し、淫欲《いんよく》に耽《ふけ》り、身心《しんしん》を汚《けが》し損《そこ》ない、ついに霊的《れいてき》不具者《ふぐしゃ》となって、たいてい地獄《じごく》に落《お》ちるものです。」

（『霊界物語』第四八巻・第一〇章「天国の富」大正一二年一月一三日）

(四) 天国の団体は同心者の集まり

竜公「天国《てんごく》においては、すべての天人《てんにん》は、日々何《にちにちなに》を職業《しょくぎょう》にしていられるのですか。田畑《たはた》もあり、いろいろの果樹《かじゅ》も作《つく》ってあるようですが、あれは何処《どこ》から来《き》て作《つく》るのですか」

珍彦「天人《てんにん》が各自《かくじ》に農工商《のうこうしょう》を励《はげ》み、たがいに喜《よろこ》び勇《いさ》んで、その事業《じぎょう》に汗《あせ》をかいて、従事《じゅうじ》しているのですよ」

竜公「そうすると、天国《てんごく》でもずいぶん現界同様《げんかいどうよう》に忙《いそが》しいのですなア」

珍彦「現界《げんかい》のように、天国《てんごく》にては人《ひと》をアゴで使《つか》い、自分《じぶん》は、金《かね》の利息《りそく》や株《かぶ》の収益《しゅうえき》で遊《あそ》んで暮《くら》らす人間《にんげん》はおりませぬ。上《うえ》から下《した》まで心《こころ》を一つにして共々《ともども》に働《はたら》くのですから、何《なに》ごともらちよく、早《はや》く事業《じぎょう》がはかどります。ちょうど一団体《だんたい》は、人間《にんげん》一人《り》の形式《けいしき》となっております。たとえば、ペン一本握《ぽんにぎ》って原稿《げんこう》を書《か》くにも、外観《がいかん》から見《み》れば、一方《ぽう》の手《て》のみが働《はたら》いておるようにみえます。その実《じつ》は、脳髄《のうずい》も心臓《しんぞう》、肺臓《はいぞう》は申《もう》すにおよばず、神経《しんけい》、繊維《せんい》から運動機関《うんどうきかん》、足《あし》の指《ゆび》の先《さき》まで緊張《きんちょう》しているようなものです。今日《こんにち》の現界《げんかい》のやり方《かた》は、ペンを持《も》つ手《て》のみを動《うご》かして、はたの諸官能《しょかんのう》は、我関《われかん》せず焉《えん》というやり方《かた》、それではとても治《おさ》まりませぬ。天国《てんごく》では上下《しょうか》一致《ち》、億兆《おくちょう》一心《しん》、大事《だいじ》にも小事《しょうじ》にも当《あた》たるのですから、何事《なにごと》も完全無欠《かんぜんむけつ》に成就《じょうじゅ》いたしますよ。人間《にんげん》の肉体《にくたい》が、一日働《にちはたら》いて夜《よる》になったら、すべてを忘《わす》れて、安々《やすやす》と眠《ねむ》りにつくごとく、休《やす》む時《とき》はまた団体《だんたい》一同《どう》に快《こころ》よく休《やす》むのです。私《わたし》の心《こころ》は、団体《だんたい》一同《どう》の心《こころ》、団体《だんたい》一同《どう》の心《こころ》は、私《わたし》の心《こころ》でございますから……」（『霊界物語』第四七巻・第一八章「一心同体」大正一二年一月一〇日）

（五）天人の衣服

天人《てんにん》の衣類《いるい》は、その智慧《ちえ》と相応《そうおう》するがゆえに、天国《てんごく》にある者《もの》は皆《みな》その智慧《ちえ》の度《ど》のいかんによって、それぞれの衣服《いふく》を着用《ちやくよう》しているものである。その中《なか》でも、智慧《ちえ》の最《もつと》も秀《すぐ》れた者《もの》の衣類《いるい》は、他《た》の天人《てんにん》の衣服《いふく》に比《くら》べてきは立《た》って美《うつく》しく見《み》えている。

また特《とく》に秀《ひい》でた者《もの》の衣類《いるい》は、あたかも火焔《かえん》のごとく輝《かがや》きわたり、あるいは光明《こうみよう》のごとく四辺《あたり》に照《て》りわたっている。その智慧《ちえ》のやや劣《おと》った者《もの》の衣服《いふく》は、輝《かがや》きあって真白《まつしろ》に見《み》えているけれども、どこともなくおぼろげに見《み》えて、赫々《かくかく》たる光《ひかり》がない。またその智慧《ちえ》のこれに次《つ》ぐ者《もの》は、それ相応《そうおう》の衣類《いるい》を着用《ちやくよう》し、その色《いろ》もまたさまざまであって、決《けつ》して一様《よう》ではない。

○

しかしながら、最高最奥《さいこうさいおう》の天国霊国《てんごくれいごく》にある天人《てんにん》は、決《けつ》して衣類《いるい》などを用《もち》いることはない。

天人《てんにん》の衣類《いるい》は、その智慧《ちえ》と相応《そうおう》するがゆえに、また真《しん》とも相応《そうおう》するのである。何故《なぜ》ならば、一切《さい》の智慧《ちえ》なるものは、神真《しんしん》より来《く》るからである。ゆえに天人《てんにん》の衣類《いるい》は、智慧《ちえ》の如何《いかん》によるというよりも、神真《しんしん》の程度《ていど》の如何《いかん》によるというのが穏当《おんとう》かも知《し》れない。しかして火焔《かえん》のごとく輝《かがや》く色《いろ》は、愛《あい》の善《ぜん》と相応《そうおう》し、その光明《こうみょう》は、善《ぜん》より来《き》たる真《しん》に相応《そうおう》しているのである。その衣類《いるい》の、あるいは輝《かがや》きてかつ純白《じゅんぱく》なるも、光輝《こうき》を欠《か》いでいるのもあり、その色《いろ》またいろいろにして一様《よう》ならざるあるは、神善《しんぜん》および神真《しんしん》の光《ひかり》、これに輝《かがや》くこと少《すく》なくして、智《ち》慧《え》なお足《た》らざる天人《てんにん》のこれを摂受《せつじゅ》すること、種々雑多《しゅじゅざった》にして、一様《よう》ならざるところに相応《そうおう》するからである。

○

また最高最奥《さいこうさいおう》の天国霊国《てんごくれいごく》に在《あ》る天人《てんにん》が衣類《いるい》を用《もち》いないのは、その霊身《れいしん》の清浄無垢《せいじょうむく》なるに依《よ》るものである。清浄無垢《せいじょうむく》ということは、すなわち赤裸々《せきらら》に相応《そうおう》するがゆえである。

しかして、天人《てんにん》は多《おお》くの衣類《いるい》を所有《しょゆう》して、あるいは、これを脱《ぬ》ぎ、あるいは、これを着《つ》け、不用《ふよう》なるものは、しばらくこれを貯《たくわ》えおき、その用《よう》ある時《とき》にいたって、またこれを着用《ちやくよう》する。そしてこの衣類《いるい》はみな大神様《おおかみさま》の賜《たま》うところである。その衣類《いるい》にはいろいろの変化《へんか》があって、第《だい》一および第《だい》二の状態《じょうたい》におる時《とき》には、光《ひか》り輝《かがや》いて白《しろ》く清《きよ》く、第《だい》三と第《だい》四との情態《じょうたい》にいる時《とき》には、やや曇《くも》ったようにみえておる。これは相応《そうおう》の理《り》より起来《きらい》するものであって、智慧《ちえ》および証覚《しょうかく》のいかんによって、かく天人《てんにん》の情態《じょうたい》に、それぞれ変化《へんか》があるゆえである。

（『霊界物語』第四七巻・第一七章「天人歓迎」大正一一年一月九日）

(六) 天国の言語

高天原《たかあまはら》の霊国《れいごく》および天国《てんごく》の天人《てんにん》は、人間《にんげん》が数時間費《すうじかんつい》やしての雄弁《ゆうべん》なる言語《げんご》よりも、わずかに二三分間《ぶんかん》にて、簡単明瞭《かんたんめいりよう》にその意志《いし》を通《つう》ずることが出来《でき》る。また人間《にんげん》が、数《すう》十頁《ページ》の原稿《げんこう》にて書《か》き表《あら》わし得《え》ざる事《こと》も、ただの一頁《ページ》ぐらいにて明白《めいはく》にその意味《いみ》を現《あら》わすことが出来《でき》る、またそれを聞《き》いたり読《よ》んだりするところの天人《てんにん》もよく会得《えとく》し得《う》るものである。すべて天人《てんにん》の言語《げんご》は、優美《ゆうび》と平和《へいわ》と愛善《あいぜん》と信真《しんしん》に充《み》ちているがゆえに、いかなる悪魔《あくま》といえども、その言葉《ことば》には抵抗《ていこう》することが出来《でき》ない。すべて天国《てんごく》の言葉《ことば》は、善言美詞《ぜんげんびし》に充《み》たされているからである。そうして何事《なにごと》も善意《ぜんい》に解《かい》し、見直《みなお》し聞直《ききなお》し宣直《のりなお》しという神律《しんりつ》が行《おこな》われている。……………。

○

そして天人《てんにん》はみな一様《よう》の言語《げんご》を有《ゆう》し、現界人《げんかいじん》のごとく東西洋《とうざいよう》を隔《へだ》てるに従《したが》って、その言語《げんご》に変化《へんか》があり、あるいは地方地方《ちほうちほう》にいろいろの訛《なま》りがあるような不都合《ふつごう》はない。されども、ここに少《すこ》し相違《そうい》のある点《てん》は、証覚《しょうかく》に充《み》たされた者《もの》の言語《げんご》は、すべて内的《ないてき》にして、情動《じょうどう》の変化《へんか》に富《と》み、かつ想念上《そうねんじょう》の概念《がいねん》をもっとも多《おお》く含《ふく》んでいる。証覚《しょうかく》の少《すく》ない者《もの》の言《げん》語《ご》は、外的《がいてき》にして、またとかく充分《じゅうぶん》でない。愚直《ぐちょく》なる天人《てんにん》の言語《げんご》にいたりては、往々外的《おうおうがいてき》にして、人間相互《にんげんそうご》の間《あいだ》におけるがごとく、語句《ごく》の中《なか》からその意義《いぎ》を推度《すいたく》せなくてはならぬことがある。

○

また面貌《めんぼう》をもってする言葉《ことば》がある。この言語《げんご》は、概念《がいねん》によって抑揚《よくよう》、頓挫《とんざ》、曲折《きょくせつ》の音声《おんせい》を発《はっ》するがごときものにて、その終局《しゅうきょく》を結《むす》ぶものもある。また天界《てんかい》の表像《ひょうぞう》を、概念《がいねん》に和合《わごう》せしめたる言葉《ことば》がある。また概念《がいねん》を自《おのず》からにみるよう、なしたる言葉《ことば》もある。また情動《じょうどう》に相似《そうじ》したる身振《みぶ》りをもってなす語《ご》もある。この身振《みぶ》りは、その言句《げんく》にて現《あら》われる事物《じぶつ》と、相似《あいに》たるものを現《あら》わしている。また諸情動《しょじょうどう》および諸概念《しょがいねん》の一般的原義《ぱんてきげんぎ》をもってする言葉《ことば》がある。また雷鳴《らいめい》のごとき言葉《ことば》もあり、そのほか種々雑多《しゅじゅざった》な形容詞《けいようし》が使《つか》われてある。

（『霊界物語』第四七巻・第一八章「一心同体」大正一二年一月一〇日）

（七）天国での年齢と面貌

竜公「モシ珍彦様《うづひこさま》、この団体《だんたい》の天人《てんにん》は、いずれも若《わか》い方《かた》ばかりですな。そしてどのお方《かた》の顔《かお》を見《み》ても、本当《ほんとう》に能《よ》く似《に》ているじゃありませぬか」

珍彦「左様《さよう》です、人間《にんげん》の面貌《めんぼう》は心《こころ》の鏡《かがみ》でございますから、愛《あい》の善《ぜん》に充《み》ちた者同士《ものどうし》，同気相《どうきあい》求《もと》めて群居《ぐんきょ》しているのですから、内分《ないぶん》の同《おな》じき者《もの》は、従《したが》って外分《がいぶん》も相似《あいに》るものでございます。それゆえ天国《てんごく》の団体《だんたい》には、あまり変《かわ》った者《もの》はございませぬ。心《こころ》が一つですから、ヤハリ面貌《めんぼう》も姿《すがた》も同《おな》じ型《かたち》に出来《でき》ております」

竜公「なるほど、それで分《わか》りました。しかしながら、子供《こども》は沢山《たくさん》あるようですが、三十以上《いじょう》の面貌《めんぼう》をした老人《ろうじん》は、ねっから見当《みあた》りませぬが、天国《てんごく》の養老院《ようろういん》にでも御収容《ごしゅうよう》になっているのですか」

珍彦「人間《にんげん》の心霊《しんれい》は不老不死《ふろうふし》ですよ。天人《てんにん》だとて人間《にんげん》の向上発達《こうじょうはったつ》したものですから、人《にん》間《げん》の心《こころ》は、男《おとこ》ならば三十才《さい》、女《おんな》ならば二十才《さい》ぐらいで、たいてい完全《かんぜん》に成就《じょうじゅ》するでしょう。しかして、たとえ肉体《にくたい》は老衰《ろうすい》しても、その心《こころ》はどこまでも弱《よわ》りますまい。いなますます的確明瞭《てきかくめいりょう》になるものでしょう。天国《てんごく》はすべて想念《そうねん》の世界《せかい》で、すべて事物《じぶつ》が霊的《れいてき》でございますから、現界《げんかい》において、なにほど老人《ろうじん》であったところが、天国《てんごく》の住民《じゅうみん》となれば、あの通《とお》り、男子《だんし》は三十才《さい》、女子《じょし》は二十才《さい》くらいな面貌《めんぼう》や肉付《にくづ》きをしているのです。それだから天国《てんごく》にては不老不死《ふろうふし》といって、いまわしい老病生死《ろうびょうせいし》の苦《く》は絶対《ぜったい》にありませぬ」

治国「なるほど、感心《かんしん》しました。われわれはとうてい容易《ようい》に、肉体《にくたい》を脱離《だつり》したところで、天国《てんごく》の住民《じゅうみん》になるのは六《むず》ケ《か》しいものですなア。いつまでも中有《ちゅうう》に迷《まよ》う八衢人間《やちまたにんげん》でしょう。実《じつ》にあなた方《がた》の光明《こうみょう》に照《て》らされて、治国別《はるくにわけ》は何《なん》とも慙愧《ざんき》にたえません」

珍彦「イヤ決《けっ》して御心配《ごしんぱい》は要《い》りませぬ。……いかなる水晶《すいしょう》の水《みず》も、氷《こおり》とならばたちまち不《ふ》透明《とうめい》となります。あなたの今日《こんにち》の状態《じょうたい》はすなわち氷《こおり》です。一たび光熱《こうねつ》に会《あ》って、元《もと》の水《みず》に復《かえ》れば、依然《いぜん》として水晶《すいしょう》の清水《せいすい》です。肉体《にくたい》のある間《あいだ》は、なにほど善人《ぜんにん》だといっても、証覚《しょうかく》が強《つよ》いといっても、肉体《にくたい》という悪分子《あくぶんし》に遮《さえぎ》られますから、これは止《や》むを得《え》ませぬ。しかし肉体《にくたい》の保護《ほご》の上《うえ》において、少々《しょうしょう》の悪《あく》も必要《ひつよう》であります。精霊《せいれい》も人間《にんげん》も、ヤハリこの体悪《たいあく》のために、現界《げんかい》においては生命《せいめい》を保持《ほじ》し得《う》るのですからなア」

（『霊界物語』第四七巻・第一八章「一心同体」大正一二年一月一〇日）

（八）天国の夫婦

竜公「ときに珍彦《うずひこ》さま、奥《おく》さまとあなたと、双児《ふたご》のようによく似《に》たご面相《めんそう》、その理由《りゆう》を一つ説明《せつめい》していただきたいものですなア」

珍彦「夫婦《ふうふ》は愛《あい》と信《しん》との和合《わごう》によって成立《せいりつ》するものです、いわゆる夫《おっと》の智性《ちせい》は、妻《つま》の意思《いし》中《ちゅう》に入《い》り、妻《つま》の意思《いし》は、夫《おっと》の智性中《ちせいちゅう》に深《ふか》く入《い》り込《こ》み、ここに始《はじ》めて天国《てんごく》の結婚《けっこん》が行《おこな》われるのです。言《い》わば、夫婦同心同体《ふうふどうしんどうたい》ですから、面貌《めんぼう》の相似《そうじ》するは、相応《そうおう》の道理《どうり》によって避《さ》くべからざる状態《じょうたい》です。現界人《げんかいじん》の結婚《けっこん》は、地位《ちい》だとか名望《めいぼう》だとか、世間《せけん》の面《めん》目《もく》だとか、財産《ざいさん》の多寡《たか》によって、婚姻《こんいん》を結《むす》ぶのですから、いわば虚偽《きょぎ》の婚姻《こんいん》です。天《てん》国《ごく》の婚姻《こんいん》は、すべて霊的婚姻《れいてきこんいん》ですから、夫婦《ふうふ》は密着不離《みっちゃくふり》の状態《じょうたい》にあるのです。ゆえに天国《てんごく》においては夫婦《ふうふ》は二人《り》とせず、一人《り》として数《かぞ》えることになっています。現界《げんかい》のように人口名簿《じんこうめいぼ》に男子何名《だんしなんめい》、女子何名《じょしなんめい》などの面倒《めんどう》はありませぬ。ただ一人《り》二人《り》といえば、それで一夫婦《ふうふ》二夫婦《ふうふ》ということが分《わか》るのです。それで天国《てんごく》において、百人《ひゃくにん》といえば頭《あたま》が二百《ひゃく》あります。これが現界《げんかい》と相違《そうい》の点《てん》ですよ。君民《くんみん》一致《ち》、夫婦《ふうふ》一体《たい》、上下和《しょうかわ》合《ごう》の真相《しんそう》は、とうてい天国《てんごく》でなくては実現《じつげん》することは出来《でき》ますまい」

（『霊界物語』第四七巻・第一八章「一心同体」大正一二年一月一〇日）

（九）天国の祭典

天国人《てんごくじん》の祭典《さいてん》を行《おこな》うのは、天国団体《てんごくだんたい》の重要《じゅうよう》なる務《つと》めの一となっている。天国《てんごく》の天人《てんにん》は、愛《あい》の善《ぜん》におるがゆえに、大神《おおかみ》を愛《あい》しかつ同僚《どうりょう》を愛《あい》し、天地惟神《てんちかむながら》の法則《ほうそく》に従《したが》って、宇宙《うちゅう》の創造主《そうぞうしゅ》たる神《かみ》を厳粛《げんしゅく》に斎《まつ》り、種々《しゅじゅ》の珍《めずら》しき供物《くもつ》を献《けん》じ、しかして後《のち》、神《かみ》の愛《あい》に浴《よく》するをもって唯《ゆい》一の歓喜《かんき》となし、唯《ゆい》一の神業《しんぎょう》としているのである。

しかして天国人《てんごくじん》は、決《けっ》してエンゼルになったり、あるいは宣伝使《せんでんし》にはならないのである。エンゼルや宣伝使《せんでんし》になる天人《てんにん》は、すべて霊国天人《れいごくてんにん》の任務《にんむ》である。何《なん》とならば、霊国《れいごく》は信《しん》の真《しん》に充《み》ちたる者多《ものおお》く、天国《てんごく》は愛《あい》の善《ぜん》にみちたる者多《ものおお》き国土《こくど》なるがゆえである。祭典《さいてん》がすむと、霊国《れいごく》よりエンゼルまたは宣伝使出張《せんでんししゅっちょう》し来《き》たって、愛善《あいぜん》を説《と》き、信真《しんしん》を諭《さと》し、円《えん》満《まん》なる天人《てんにん》の智慧《ちえ》と証覚《しょうかく》をして、ますます円満《えんまん》ならしめんと努《つと》めるのである。また天人《てんにん》はその説教《せっきょう》を聞《き》いて、自分《じぶん》の人格《じんかく》を円満《えんまん》ならしめ、処世上《しょせいじょう》の福利《ふくり》を計《はか》らんとするものである。

そして天国《てんごく》の団体《だんたい》は、大《だい》なるものに至《いた》っては十万《まん》も集《あつ》まっており、少《すく》ないのは五六十人《にん》の団体《だんたい》もある。これは愛《あい》と信《しん》より来《き》たる想念《そうねん》の情動《じょうどう》いかんによって、相似相応《そうじそうおう》の理《り》により団《だん》体《たい》を形成《けいせい》するからである。

治国別《はるくにわけ》、竜公《たつこう》は珍彦《うづひこ》にともなわれ、神《かみ》の家《いえ》と称《しょう》する、天人《てんにん》が祭典《さいてん》を行《おこな》い霊国宣伝使《れいごくせんでんし》が説《せっ》教《きょう》を行《おこな》う木造《きづく》りの殿堂《でんどう》に導《みちび》かれた。いつまでも木《き》の香《か》新《あたら》しく薫《かお》り、幾年《いくねん》経《へ》ても新築《しんちく》した時《とき》の想念《そうねん》によって建《た》てられてあるから、決《けっ》して腐朽《ふきゅう》したり、あるいは古《ふる》くなったりするものではない。

○

珍彦夫婦《うづひこふうふ》は光沢《こうたく》にみちた赤《あか》の装束《しょうぞく》をつけ、神《かみ》の家《いえ》に悠々《ゆうゆう》と進《すす》み入《い》った。団体《だんたい》の天人《てんにん》は、赤子《あかご》にいたるまでここに集《あつ》まり、祭典《さいてん》に与《あず》からんと、えも言《い》われぬ歓喜《かんき》に充《み》ちた面貌《めんぼう》を表《あら》わして控《ひか》えている。この天人《てんにん》も智慧証覚《ちえしょうかく》の如何《いかん》によりて、幾分《いくぶん》か差等《さとう》はあれども、たいていは相似《そうじ》の面貌《めんぼう》をしている。現界《げんかい》の形式的祭典《けいしきてきさいてん》に比《くら》ぶれば、実《じつ》に荘厳《そうごん》といおうか、優美《ゆうび》といおうか、華麗《かれい》といおうか、たとえ方《かた》ない状態《じょうたい》である。

この団体中《だんたいちゅう》にて、最《もっと》も証覚《しょうかく》の秀《すぐ》れたる者《もの》が、祓戸《はらいど》や神饌係《しんせんがかり》や祭典《さいてん》に関《かん》するいろいろの役《やく》目《め》をつとめ、珍彦《うづひこ》は団体長《だんたいちょう》として斎主《さいしゅ》の役《やく》に当《あた》ることとなった。すべて天国《てんごく》は、清潔主義《せいけつしゅぎ》、統一《とういつ》主義《しゅぎ》、進取主義《しんしゅしゅぎ》、楽観主義《らくかんしゅぎ》であるから、何《なん》ともいえぬ良《よ》い気分《きぶん》に充《み》たされるものである。この祭典《さいてん》によって、神人《しんじん》は和合《わごう》の極度《きょくど》に達《たっ》し、歓喜悦楽《かんきえつらく》に酔《よ》うのである。しかして天国《てんごく》の祭典《さいてん》は、神《かみ》に報恩謝徳《ほうおんしゃとく》の道《みち》をつくすはいうもさらなれど、また一方《ぽう》には、その団体《だんたい》の円満《えんまん》を祈《いの》り、天人各自《てんにんかくじ》の歓喜《かんき》を味《あじ》わい、悦楽《えつらく》に酔《よ》うためである。

○

ゆえに現界《げんかい》の祭典《さいてん》のごとく四角張《かくば》らず、小笠原流式《おがさわらりゅうしき》もなく、実《じっ》に円滑《えんまん》に自由自在《じゆうじざい》に、愛善《あいぜん》より来《き》たる想念《そうねん》のままに情動《じょうどう》するのであるから、何《なん》ともいえぬ完全《かんぜん》な祭典《さいてん》が行《おこな》われる。法《ほう》なくして法《ほう》あり、式《しき》なくして式《しき》あり、とうてい現界《げんかい》にて夢想《むそう》だもなし能《あた》わざる光景《こうけい》である。しかして、祝詞《のりと》はやはり現界《げんかい》のごとく天津祝詞《あまつのりと》や神言《かみごと》を奏上《そうじょう》して、神慮《しんりょ》を慰《なぐさ》め、かつ天人各自《てんにんかくじ》の心《こころ》を喜《よろこ》ばせ、一切《さい》の罪汚《つみけが》れ過失《あやまち》を払拭《ふっしょく》する神業《かむわざ》である。天国《てんごく》においても、時《とき》にあるいは少々《しょうしょう》の憂《うれ》いにみたされ、悲《かな》しみや驚《おどろ》きに遭遇《そうぐう》することは絶無《ぜつむ》とはいえない。ゆえに天人《てんにん》は日《ひ》を定《さだ》めて、荘厳《そうごん》なる祭典式《さいてんしき》を行《おこな》い、その生涯《しょうがい》に対《たい》して福利《ふくり》を得《え》んことを祈《いの》るのである。

（『霊界物語』第四七巻・第一九章「化相神」大正一二年一月一〇日）

（一〇）現界での祭典とお供物

河鹿峠《かじかとうげ》の祠《ほこら》の森《もり》の神殿建設《しんでんけんせつ》もようやくにして石搗《いしづ》きも済《す》み、前後百余日《ぜんごひゃくよにち》を費《つい》やして立派《りっぱ》なるお宮《みや》を建《た》て上《あ》げた。しかして遷宮式《せんぐうしき》は、節分《せつぶん》の夜《よ》に行《おこな》われることとなった。

イク「これだけの沢山《たくさん》の金銭物品《きんせんぶっぴん》を供《そな》えても、神様《かみさま》はお受取《うけと》になるだろうかなア。かえって御迷惑《ごめいわく》だろうも知《し》れぬぞ、神様《かみさま》はすべて無形《むけい》にましますのだから、このような人間《にんげん》の食《く》う有形的供物《ゆうけいてきくもつ》はおあがりになるはずはないでないか。その証拠《しょうこ》にや、いくら永《なが》く供《そな》えておいても、果物《くだもの》一つ減《へ》っていないじゃないか、こんな沢山《たくさん》の物供《ものそな》えるよりも、代表者《だいひょうしゃ》が（に）お三方《さんぼう》に、二台《だい》か三台《だい》か供《そな》えておいて差支《さしつか》えなさそうだがな。まるで八百屋《やおや》の店《みせ》みたようだ。エヽー、ヨル、貴様《きさま》どう思《おも》う」

ヨル「貴様《きさま》はヤッパリまだ神《かみ》のことが分《わか》らぬとみえるワイ。神様《かみさま》は地上《ちじょう》に降《くだ》りたまう時《とき》は、ヤッパリ人間《にんげん》の肉《にく》の宮《みや》を機関《きかん》と遊《あそ》ばすのだから、自然界《しぜんかい》の法則《ほうそく》を基《もと》として、何事《なにごと》もお仕《つか》えせなくちゃならぬじゃないか。信者《しんじゃ》の供物《くもつ》を受取《うけと》りたまう神様《かみさま》は無形《むけい》にましますがゆえに、物質的食物《ぶつしつてきしょくもつ》は不必要《ふひつよう》だといって、この結構《けっこう》な御祭典《ごさいてん》に、金額物品《きんがくぶっぴん》を供《そな》えない奴《やつ》は、神様《かみさま》の愛《あい》におらず、また神《かみ》の恵《めぐ》みに浴《よく》することもできない偽信者《にせしんじゃ》のなすべきことだ。祭典《さいてん》ということは祭《まつ》る方式《ほうしき》ということだ。祭《まつ》るということは、人《ひと》を待《ま》つことだ、いわゆるお客様《きゃくさま》を招待《しょうたい》するも同《おな》じことだ。善《ぜん》と真《しん》とをハカリにかけ、人間《にんげん》の愛《あい》と神《かみ》の愛《あい》とを和合《わごう》する神事《しんじ》だ。それだから、真釣《まつ》りにまつるというのだ。なにほど神《かみ》様《さま》に供《そな》えたお供《そな》えものがへらないといっても、肝腎要《かんじんかなめ》のお供物《くもつ》の霊《れい》は、みなおあがりになっているのだ。大根《だいこん》は大根《だいこん》の味《あじ》、山葵《わさび》は山葵《わさび》の味《あじ》、魚《うお》は魚《うお》の味《あじ》と、各自《かくじ》にその味《あじ》が変《かわ》っているのは、みな神様《かみさま》から造《つく》られたものであって、人間《にんげん》の所為《しょい》でもなければ、大根《だいこん》、山葵《わさび》それ自身《じしん》のなし得《え》たるところでもない。同《おな》じ土地《とち》に同《おな》じ肥料《ひりょう》をやって作《つく》っても、唐辛《とうがらし》を蒔《ま》けば辛《から》くなる、スイカを作《つく》れば甘《あま》くなる、山椒《さんしょ》を作《つく》ればまた辛《から》くなる、そしてその甘《あま》さにも辛《から》さにもおのおのの特色《とくしょく》がある。これみな神徳《しんとく》の内流《ないりゅう》によって出《で》来《き》るものだ。それだから地上《ちじょう》の人間《にんげん》は、神様《かみさま》に結構《けっこう》なものを与《あた》えられて、これを感謝《かんしゃ》せずにはいられない。それゆえ、神《かみ》の御恵《みめぐ》みを謝《しゃ》するために、心《こころ》を尽《つく》してお供物《くもつ》をするのだ。この通《とお》り沢山《たくさん》なお供物《くもつ》の集《あつ》まったのも、たとえ少《すこ》しづつでも、これだけの人《にん》間《げん》が、各自《かくじ》に何《なに》なりと持《も》って来《き》たのだから、塵《ちり》つんで山《やま》をなしたのだ。神《かみ》は人間《にんげん》の真《ま》心《ごころ》を受《う》けさせたまうものだから、菜《な》の葉《は》一枚《まい》でも供《そな》えてくれといって持《も》って来《き》た者《もの》は、みなお供《そな》えしなくちゃすまないぞ。それが祭《まつり》の祭《まつり》たる所以《ゆえん》だから、………」

テル「それでも賽銭《さいせん》一文《もん》持《も》たず、菜《な》の葉《は》一枚《まい》お供《そな》えせずして、有難《ありがた》がって喜《よろこ》んでいるものがあるではないか。それはどうなるのだ」

ヨル「そいつは夢《ゆめ》を見《み》て喜《よろこ》んでるようなものだ………」

ハル「神様《かみさま》に物《もの》をお供《そな》えすればお蔭《かげ》がある、お供《そな》えしない奴《やつ》ア、神様《かみさま》が愛《あい》せないというのは、チッと神《かみ》としての神格《しんかく》に抵触《ていしょく》するではないか」

ヨル「別《べつ》に神様《かみさま》は、人間《にんげん》の乞食《こじき》でもあるまいから、醵出《きょしゅつ》したものをもって生命《いのち》を保《たも》ちたまうようなお方《かた》ではないが、すべて愛《あい》の心《こころ》がおこれば、人間《にんげん》は神様《かみさま》に何《なん》なりと上《あ》げたくなるものだ。また、神様《かみさま》は、人間《にんげん》を愛《あい》したまう時《とき》は、田《た》もやろう、畔《あぜ》もやろう、というお心《こころ》にならせたまうものだ。年《とし》よりの親《おや》が、息子《むすこ》や娘《むすめ》に土産《みやげ》を買《こ》うて来《き》てもらったり、また孫《まご》がたとえ少《すこ》しの物《もの》でも、これをお爺《じい》サンお婆《ば》アサンに上《あ》げたいと思《おも》って買《か》って来《き》たと聞《き》いた時《とき》は、その爺《じい》サン婆《ば》アサンは、たとえ僅少《きんしょう》なものでも、どれだけ喜《よろこ》ぶか知《し》れないでないか。しょうもないものでも、息子《むすこ》が買《こ》うて来《き》てくれたものだとか、孫《まご》がはるばる買《こ》うて来《き》てくれたとか、送《おく》ってくれたとか、会《あ》う人《ひと》ごとに話《はな》して喜《よろこ》ぶだろう。そしてわずか二三十銭《せん》の物《もの》を孫《まご》がくれると、爺《じい》サン婆《ば》アサンは臍繰《へそく》り金《がね》の十円《えん》も出《だ》して、孫《まご》にソッとやるだないか。愛《あい》は愛《あい》と相応《そうおう》し、善《ぜん》は善《ぜん》と相応《そうおう》するものだ。それだから，祭《まつり》を真釣合《まつりあい》というのだ。決《けっ》して爺《じい》サン婆《ば》アサンは吾《わ》が子《こ》や孫《まご》に、土産《みやげ》を買《こ》うて来《き》てもらおうと望《のぞ》まない……と同様《どうよう》に神様《かみさま》は決《けっ》してお供《そな》えを望《のぞ》み遊《あそ》ばさない。けれどその子《こ》や孫《まご》が土産《みやげ》をくれた時《とき》の心《こころ》と、くれない時《とき》の心《こころ》とは、その時《とき》の愛《あい》の情動《じょうどう》の上《うえ》において、非常《ひじょう》な差等《さとう》のあるものだ。それだから、神《かみ》の愛《あい》に触《ふ》れんと思《おも》う者《もの》は、神《かみ》を愛《あい》さなくてはならぬのだ。人間《にんげん》として、なにほど心《こころ》を尽《つく》しても、神様《かみさま》に対《たい》するご恩報《おんほう》じは、金額物品《きんがくぶっぴん》をもって、その真心《まごころ》を神《かみ》に捧《ささ》げるより、外《ほか》に手段《しゅだん》も方《ほう》

•芸術の趣味を悟らぬ人々は　地上天国夢にも来らず

地上天国 ⑤

法《ほう》もないでないか」

テル「それでも人間《にんげん》は精神《せいしん》をもって神《かみ》のために尽《つく》し、神《かみ》を愛《あい》すればいいのだよ。貴様《きさま》、そう思《おも》わせぬか」

サール「それも一理《り》あるようだが、ヤッパリ、ヨルの神様《かみさま》のいうように、愛《あい》の心《こころ》が起《おこ》ったならば、キッと中途《ちゅうと》に止《と》まるものでない、終局点《しゅうきょくてん》まで達《たっ》するものだ。その終局点《しゅうきょくてん》は、いわゆる人間《にんげん》の実地《じっち》の行《おこな》いだ。霊《れい》から始《はじ》まって体《たい》に落《お》ち着《つ》くのが真理《しんり》とすれば、ヤッパリ神様《かみさま》に、山野河海《さんやかかい》の珍《めずら》しき物《もの》や、幣帛料《へいはくりょう》を献納《けんのう》するのは、いわゆる愛《あい》と誠《まこと》の表《あらわ》れだと思《おも》う」

ハル「なるほど、それにまちがいない。そうでなければ、どうしてこんな大層《たいそう》な祭《まつり》を遊《あそ》ばすものか」

（『霊界物語』第四九巻・第五章「復命」大正一二年一月一六日）

（一一）現界での祖霊祭祀

三千彦「先生《せんせい》、人間《にんげん》は現世《げんせ》を去《さ》って霊界《れいかい》へ行《い》った時《とき》は、極善者《ごくぜんしゃ》の霊身《れいしん》は直《ただ》ちに天国《てんごく》に上《のぼ》り、天人《てんにん》と相伍《あいご》し天国《てんごく》の生活《せいかつ》を営《いとな》み、現界《げんかい》との連絡《れんらく》が切《き》れるとすれば、現界《げんかい》にある子孫《しそん》は父祖《ふそ》の霊祭《れいさい》などする必要《ひつよう》はないもののように思《おも》われますが、それでも祖霊祭《それいさい》をしなくてはならないでしょうか。吾々《われわれ》の考《かんが》えでは真《まこと》に無益《むえき》な無意義《むいぎ》なことのように感《かん》じられますがなア」

玉国別「なにほど天国《てんごく》へ行《い》って地上現界人《ちじょうげんかいじん》との連絡《れんらく》が断《た》たれたといっても、愛《あい》の善《ぜん》と信《しん》の真《しん》とは天地《てんち》に貫通《かんつう》して少《すこ》しも遅滞《ちたい》しないものである。子孫《しそん》が孝《こう》のためにする愛善《あいぜん》と信《しん》の真《しん》のこもった正《ただ》しき清《きよ》き祭典《さいてん》が届《とど》かないという道理《どうり》は決《けっ》してない。天国《てんごく》にあってもやはり衣食住《いしょくじゅう》の必要《ひつよう》がある。子孫《しそん》の真心《まごころ》よりする供物《くもつ》や祭典《さいてん》は、霊界《れいかい》にあるものをして歓喜《かんき》せしめ、かつその子孫《しそん》の幸福《こうふく》を守《まも》らしむるものである」

三千彦「中有界《ちゆううかい》にある精霊《せいれい》は、なにほど遅《おそ》くても三十年以上《ねんいじよう》いないという教《おしえ》を聞《き》きましたが、その精霊《せいれい》が現世《げんせ》に再生《さいせい》して人間《にんげん》と生《うま》れた以上《いじよう》は、祖霊祭《それいさい》の必要《ひつよう》はないようですが、こういう場合《ばあい》でも矢張《やは》り祖霊祭《それいさい》の必要《ひつよう》があるのですか」

玉国別「顕幽《けんゆう》一致《ち》の神律《しんりつ》によって、たとえその精霊《せいれい》が現界《げんかい》に再生《さいせい》して人間《にんげん》となり霊界《れいかい》におらなくても、やはり祭典《さいてん》は立派《りつぱ》に執行《しつこう》するのが祖先《そせん》に対《たい》する子孫《しそん》の勤《つと》めである。祭《さい》祀《し》を厚《あつ》くされた人《ひと》の霊《みたま》は霊界現界《れいかいげんかい》の区別《くべつ》なく、その供物《くもつ》を歓喜《かんき》して受《う》けるものである。現世《げんせ》に生《う》まれていながら、なおかつ依然《いぜん》として霊祭《みたままつり》を厳重《げんじゆう》に行《おこな》ってもろうている現人《げんじん》は、日々《にちにち》の生活上《せいかつじよう》においても、大変《たいへん》な幸福《こうふく》を味《あじ》わうことになるのである。ゆえに祖霊《それい》の祭祀《さいし》は三十年《ねん》どころか、相成《あいな》るべくは千年《せんねん》も万年《まんねん》の祖霊《それい》も、子孫《しそん》たるものは厳粛《げんしゆく》に勤《つと》むべきものである。地獄《じごく》に落《お》ちた祖霊《それい》などは、子孫《しそん》の祭祀《さいし》の善徳《ぜんとく》によって、たちまち中有界《ちゆううかい》に昇《のぼ》り進《すす》んで天国《てんごく》に上《のぼ》ることを得《え》るものである。また子孫《しそん》が祭祀《さいし》を厚《あつ》くしてくれる天人《てんにん》は、天国《てんごく》においても極《きわ》めて安逸《あんいつ》な生涯《しようがい》を送《おく》り得《え》られ、その天人《てんにん》が歓喜《かんき》の余波《よは》は必《かなら》ず子孫《しそん》に自然《しぜん》に伝《つた》わり、子孫《しそん》の繁栄《はんえい》を守《まも》るものである。なんとなれば愛《あい》の善《ぜん》と信《しん》の真《しん》は天人《てんにん》の神格《しんかく》と現人《げんじん》（子孫《しそん》）の人格《じんかく》とに内流《ないりゅう》して、どこまでも断絶《だんぜつ》せないからである」

三千彦「ウラル教《きょう》（力主霊従外分《りきしゅれいじゅうがいぶん》の教《おしえ》）やバラモン教《きょう》（体主霊従外分《たいしゅれいじゅうがいぶん》の教《おしえ》）の儀式《ぎしき》によって祖霊《それい》を祭《まつ》ったものは、各自《かくじ》その所主《しょしゅ》の天国《てんごく》へ行《い》っておるでしょう。それを三五教《あなないきょう》に改式《かいしき》した時《とき》はその祖霊《それい》はどうなるものでしょうか」

玉国別「人《ひと》の精霊《せいれい》やまたは天人《てんにん》なるものは、霊界《れいかい》に在《あ》って絶《た》えず智慧《ちえ》と証覚《しょうかく》と善真《ぜんしん》を了得《りょうとく》して向上《こうじょう》せんことをのみ望《のぞ》んでおるものです。ゆえに現界《げんかい》にある子孫《しそん》が、最《もっと》も善《ぜん》と真《しん》とに透徹《とうてつ》した宗教《しゅうきょう》を信《しん》じて、その教《おしえ》に準拠《じゅんきょ》して祭祀《さいし》を行《おこな》ってくれることを非常《ひじょう》に歓喜《かんき》するものである。天人《てんにん》といえども元《もと》は人間《にんげん》から向上《こうじょう》したものだから人間《にんげん》の祖先《そせん》たる以上《いじょう》は、たとえ天国《てんごく》に安住《あんじゅう》するとも愛《あい》と真《しん》との情動《じょうどう》は内流的《ないりゅうてき》に連絡《れんらく》しているものだから、子孫《しそん》が証覚《しょうかく》の最《もっと》も優《すぐ》れた宗教《しゅうきょう》に入《い》り、その宗《しゅう》の儀式《ぎしき》によって、自分《じぶん》たちの霊《れい》を祭《まつ》り慰《なぐさ》めてくれることは、天人《てんにん》および精霊《せいれい》または地獄《じごく》に落《お》ちた霊身《れいしん》にとっても、最《さい》善《ぜん》の救《すく》いとなり、歓喜《かんき》となるものである。天国《てんごく》の天人《てんにん》（に）も善《ぜん》と真《しん》との向上《こうじょう》を望《のぞ》んでおるのだから、現在地上人《げんざいちじょうじん》が最善《さいぜん》と思惟《しい》する宗教《しゅうきょう》を信《しん》じ、かつまた祖先《そせん》の奉《ほう》じていた宗教《しゅうきょう》を止《や》めて三五教《あなないきょう》に入信《にゅうしん》したところで、別《べつ》に祖霊《それい》に対《たい》して迷惑《めいわく》をかけるものでない。また祖霊《それい》が光明《こうみょう》に向《むか》って進《すす》むのだから、決《けっ》して迷《まよ》うような事《こと》はないのだ。いな却《かえ》って祖霊《それい》はこれを歓喜《かんき》し、天国《てんごく》にあってその地位《ちい》を高《たか》め得《う》るものである。ゆえに吾々現身人《われわれげんしんじん》は、祖先《そせん》に対《たい》して孝養《こうよう》のために最善《さいぜん》と認《みと》めた宗教《しゅうきょう》に信仰《しんこう》を進《すす》め、その教《おしえ》によって祖先《そせん》の霊《れい》に満足《まんぞく》を与《あた》え、子孫《しそん》たるの勤《つと》めを大切《たいせつ》に遵守《じゅんしゅ》しなくてはならぬのである。あゝ惟神霊幸倍坐世《かむながらたまちはえませ》」

（『霊界物語』第五八巻・第二四章「礼祭」大正一二年三月三〇日）

第七章　霊界瑞言録

（一）阿弥陀の実現化、弥勒仏

朝夕《あさゆう》の教会詣《きょうかいもう》でも、寺参《てらまい》りも、祝詞《のりと》を奏上《そうじょう》するのも、鐘《かね》をたゝいて読経《どくきょう》するのも、悪《わる》いことではない。それはただ信仰《しんこう》の行程《こうてい》であって、百万億土《まんおくど》に極楽浄土《ごくらくじょうど》があってそこへ行《い》ったら蓮華《れんげ》の萼《うてな》にのせられて、百味《み》の飯食《おんじき》が得《え》られると無我《むが》に信《しん》ずることが出来《でき》て木仏金仏《きぶつかなぶつ》石仏《いしぼとけ》、絵仏《えぶつ》を絶対《ぜったい》に仏《ほとけ》の姿《すがた》だと信《しん》ずることの出来《でき》る者《もの》は幸福者《こうふくもの》だが、現代《げんだい》の人間《にんげん》はそういう絶対他力《ぜったいたりき》の安心《あんしん》の出来難《できがた》いものが多《おお》い。いよく是《これ》で確実《かくじつ》だと自分《じぶん》の腹底《はらぞこ》にきめ込《こ》んでいるものも、必《かなら》ず助《たす》けてもらえると絶対他力《ぜったいたりき》の帰依者《きえしゃ》も、いよく死《し》という段階（一段《だん》）に想《おも》いをいたした時《とき》はぐらついて来《く》るものが多《おお》い。あれほど信心深《しんじんふか》い同行《どうぎょう》でさえということがある。極楽浄土《ごくらくじょうど》から便《たよ》りのあったものは今《いま》に一人《り》もない。ただ信《しん》ぜよ弥陀《みだ》をキリストをといってもそれはあまりに安《やす》すぎて受取《うけと》りにくい者《もの》が多《おお》い。こう思《おも》い考《かんが》えて見《み》ると真《しん》に信心《しんじん》の出来《でき》たものが幾人《いくにん》あるだろうか。それを思《おも》って自分《じぶん》は阿弥陀《あみだ》を弥勒仏《みろくぶつ》として実《じつ》現化《げんか》せんとするために努力《どりょく》しているのである。

（『水鏡』一七二頁）

（二）一日の修業

「朝《あした》に道《みち》を聞《き》けば夕《ゆうべ》に死《し》すとも可《か》なり」、と云《い》うことは霊界《れいかい》への道《みち》のことである。即《すなわ》ち霊界《れいかい》の消息《しょうそく》に通《つう》ずれば、わが霊《れい》のゆくべき道《みち》がわかるので、これがハッキリ分《わか》っておれば、いつ死《し》んでもよいと云《い》うことなのである。もし霊界《れいかい》のことを少《すこ》しも知《し》らねばその人《ひと》の行《い》く手《て》にはただ暗黒《あんこく》があるばかりである。恐《おそ》ろしいところに迷《まよ》わねばならぬ。ゆえに現界《げんかい》における時《とき》によく道《みち》を聞《き》いておかねばならぬ。「霊界《れいかい》百年《ねん》の修行《しゅぎょう》は現界《げんかい》一日《にち》の修行《しゅぎょう》に如《し》かず」、と云《い》う諺《ことわざ》があるが、それはそのはずで、そのかわり霊界《れいかい》は長《なが》い。現実界《げんじつかい》の命《いのち》は短《みじか》いから同《おな》じである。猫《ねこ》でも犬《いぬ》でも齢《よわい》の短《みじか》いものは早《はや》く子《こ》を生《う》み早《はや》く死《し》ぬ道理《どうり》だから、霊界《れいかい》の百年《ねん》は現界《げんかい》の一日《にち》にあたる。

（『玉鏡』二五七頁）

◆高熊山《たかくまやま》の修行《しゅぎょう》は一時間《じかん》神界《しんかい》の修行《しゅぎょう》をさせられると、現界《げんかい》は二時間《じかん》の比例《ひれい》で修行《しゅぎょう》をさせられたのである。しかし二時間《じかん》の現界《げんかい》の修行《しゅぎょう》より、一時間《じかん》の神界《しんかい》の修行《しゅぎょう》のほうが数《すう》十倍《ばい》も苦《くる》しかったのである。

（『霊界物語・回顧録』第三章「現界《げんかい》の苦行」）

◆広《ひろ》く愛善《あいぜん》の徳本《とくほん》を植《う》え、慈恩《じおん》を布《し》き、仁恵《じんけい》を施《ほど》こして、神道禁制《しんどうきんせい》（神禁道制《しんきんどうせい》）を犯《おか》すこと無《な》く、忍辱精進《にんにくしょうじん》にして心魂《しんこん》を帰一《きいつ》し、智慧証覚《ちえしょうかく》をもって衆生《しゅじょう》を教化《きょうげ》し、徳《とく》を治《おさ》め、善《ぜん》を行《おこな》い、心魂《しんこん》を浄《きよ》め、意志《いし》を正《ただ》しうして、斎戒清浄《さいかいせいじょう》なること一日《にち》一夜《や》なれば、即《すなわ》ち無量寿《むりょうじゅ》の天国《てんごく》に在《あ》りて、愛善《あいぜん》の徳《とく》を治《おさ》むること百年《ねん》なるに勝《まさ》れり。いかんとなれば彼《か》の神仏《しんぶつ》の国土《こくど》には、無為自然《むいじぜん》に、皆衆善大徳《みなしゅうぜんだいとく》を積《つ》みて毫末《ごうまつ》の不《ふ》善不徳《ぜんふとく》だも無《な》ければなり。此《ここ》において善徳《ぜんとく》を修《おさ》め信真《しんしん》に住《じゅう》すること十日十夜《じゅうにちじゅうや》なれば、天国浄土《てんごくじょうど》において愛善《あいぜん》の徳《とく》に住《じゅう》し、信真《しんしん》の光明《こうみょう》に浴《よく》すること、千年《ねん》の日月《じつげつ》に勝《まさ》れり。………。

（『霊界物語』第六七巻・第五章「浪の鼓」＝神仏無量寿経＝）

（三）宣伝使の説教

宣伝使《せんでんし》の天国《てんごく》における説教《せっきょう》は、大神《おおかみ》のご神格《しんかく》を徹底的《てっていてき》に理解《りかい》すべく、かつ愛善《あいぜん》と信真《しんしん》の何《なん》たるかを、きわめて微細《びさい》に説《と》きさとし、天人《てんにん》が処世上《しょせいじょう》の利便《りべん》を計《はか》らしむるべく努《つと》めるより外《ほか》にはないのである。

（『霊界物語』第四七巻・第一九章「化相神」大正一二年一月一〇日）

（四）天職と職業

人間《にんげん》の天職《てんしょく》は人類共通《じんるいきょうつう》のものであって、神《かみ》の子《こ》の生宮《いきみや》としての本分《ほんぶん》を全《まっと》うすることである。しかし職業《しょくぎょう》は決《けっ》して神《かみ》から定《さだ》められたものではない。自《みずか》ら自己《じこ》の長所《ちょうしょ》、才能《さいのう》などを考究《こうきゅう》して、自分《じぶん》に最《もっと》も適当《てきとう》とするものに従事《じゅうじ》すべきである。

（『玉鏡』二六五頁）

(五) 因縁の土地

あの土地《とち》には昔《むかし》からこういう歴史《れきし》があるから因縁《いんねん》の土地《とち》であるとか云《い》うて、昔《むかし》の歴史《れきし》因《いん》縁《ねん》ばかり調《しら》べて歩《ある》く人《ひと》があって、王仁《わたし》の手許《てもと》にもよくそうした書類《しょるい》が届《とど》くことがあるが、大本《おほもと》の神業《しんぎょう》にはそんな因縁《いんねん》なんか全《まった》く不必要《ふひつよう》である。お筆先《ふでさき》にあろうがな。古《ふる》いことは一切用《さいもち》いないと、何《なに》もが新《あたら》しくなるのだ。因縁《いんねん》も新《あたら》しく造《つく》り出《だ》すのである。この度《たび》の働《はたら》き次《し》第《だい》で立派《りっぱ》な神館《かむやかた》でも出来《でき》たらその土地《とち》が即《すなわ》ち神様《かみさま》の因縁《いんねん》の土地《とち》になるので、古い土地《とち》の因《いん》縁《ねん》なんか何《なん》にもならぬのである。

(『玉鏡』二八二頁)

(六) 迷信

干支《かんし》、九星《きゅうせい》、家相《かそう》、人相《にんそう》、手相《てそう》、骨相《こっそう》など決《けっ》して当《あ》てになるものではない。こんなに色々《いろいろ》の種類《しゅるい》があって一致《ち》せないことを見《み》ただけでも、すでに確実性《かくじつせい》がない証拠《しょうこ》である。よく艮《うしとら》に便所《べんじょ》を設《もう》けてはいかぬと云《い》うが、艮《うしとら》は太陽《たいよう》の上《のぼ》るところであるから、きれいにして置《お》いた方《ほう》がよいというだけで便所《べんじょ》などはなるべく目《め》に立《た》たぬところに設《もう》ける方《ほう》がよろしい。しかし造作《ぞうさく》の都合《つごう》でかゝる迷信《めいしん》に囚《とら》われてはけない。年廻《としまわ》りや月日《つきひ》が悪《わる》いなどと気《き》にするようでは、すでにその迷信《めいしん》に征服《せいふく》せられているのであるから、悪《わる》く現《あら》われて来《く》るようになる。この広《ひろ》い天地《てんち》に生《せい》を享《う》けて、自分《じぶん》から日《ひ》の吉凶《きっきょう》を気《き》にして、自《みずか》ら束縛《そくばく》して窮屈《きゅうくつ》に渡世《とせい》するほど馬鹿《ばか》らしいことはない。王仁《わたし》は今日《きょう》までいつも世間《せけん》で年廻《としまわ》りが悪《わる》いと云《い》う年《とし》ほど結構《けっこう》な仕事《しごと》が出来《でき》ている。月《つき》も日《ひ》もその通《とお》りである。

（『玉鏡』四九頁）

（七）仏教は無神論

仏教《ぶっきょう》は無神無霊魂説《むしんむれいこんせつ》である。見《み》よ、如雲如煙《にょうんにょえん》というのが釈迦《しゃか》の教《おしえ》ではないか。釈迦《しゃか》という人《ひと》は階級打破《かいきゅうだは》を説《と》いた。一切《さい》の平等《びょうどう》を説《と》いた。現今《げんこん》でいう社会主義者《しゃかいしゅぎしゃ》である。我《われ》も人《ひと》なり彼《かれ》も人《ひと》なりというのが彼《かれ》の主張《しゅちょう》である。また釈迦《しゃか》には数多《あまた》の愛人《あいじん》があった。女人禁《にょにんきん》制《せい》というのは、ある特別《とくべつ》な人《ひと》に対《たい》しての訓戒《くんかい》である。一般《ぱん》の人《ひと》に対《たい》してのことではない。釈迦《しゃか》の極楽《ごくらく》というのは男女相逢《だんじょあいあ》うことなのである。無論《むろん》、その主張《しゅちょう》が無神無霊魂《むしんむれいこん》であるから、死後《しご》の極楽地獄《ごくらくじごく》なんか説《と》いてはない。これらの説《せつ》は後世《こうせい》の人《ひと》がくっつけたものである。

インド教《きょう》にも仏教《ぶつきょう》にも耶蘇教《やそきょう》にも祖先崇拝《そせんすうはい》ということはないのであるが、日本《にっぽん》に渡来《とらい》した仏教《ぶつきょう》は神道《しんどう》を採《と》り入《い》れて祖先《そせん》を弔《とむら》うことを初《はじ》めたものだ。この一事《じ》が仏教《ぶつきょう》の生命《せいめい》を今日《こんにち》まで持《も》ちこたえて来《き》た利口《りこう》なやり方《かた》である。耶蘇《やそ》は○○だ、祖先崇拝《そせんすうはい》の我国民性《わがこくみんせい》を無視《むし》して祖先《そせん》を祭《まつ》り弔《とむら》うことをしないから弘《ひろ》まらぬのである。

（『玉鏡』一五頁）

（八）意志想念のままなる天地

人間《にんげん》は天《てん》から降《ふ》ったのか、それとも土《つち》から生《う》まれたのか、天《てん》から降《ふ》ったものなら、必《かなら》ず天国《てんごく》へ昇《のぼ》り帰《かえ》るはずだ。地《ち》から生《う》まれたものなら再《ふたた》び地底《ちてい》に堕《お》ちて行《い》くだろう。生《う》まれない先《さき》と、死《し》んだ後《あと》は最早人間《もはやにんげん》ではない。人間《にんげん》を論《ろん》ずるならば、人生《じんせい》で沢山《たくさん》だ、死《し》なんがために生《う》まれたものは死《し》んだがよい。寂滅為楽《じゃくめついらく》の宗門《しゅうもん》の好《す》きな人間《にんげん》なら誰《だれ》にも遠慮《えんりょ》はいらぬ、ドシく寂滅《じゃくめつ》して、楽《らく》と為《な》すがよい。アダム、イブを人間《にんげん》の祖先《そせん》と信《しん》じ、祖先《そせん》の罪《つみ》を引《ひ》っ被《かぶ》ることの好《す》きな人間《にんげん》は、自分《じぶん》を罪《つみ》の子《こ》として、何処《どこ》までも謝罪《しゃざい》し一生罪人《しょうざいにん》で暮《くら》し、十字架《じか》を負《お》うたがよい。神《かみ》の分身分霊《ぶんしんぶんれい》と信《しん》じ神《かみ》の子神《こかみ》の宮《みや》と自分《じぶん》を信《しん》ずるものは、何処《どこ》までも永遠無窮《えいえんむきゅう》の生命《せいめい》を保《たも》ち、天国《てんごく》に復活《ふっかつ》して、第《だい》二の自分《じぶん》の世界《せかい》に華《はな》やかに活動《かつどう》するがよい。人間《にんげん》はどうせ裸体《はだか》で生《う》まれて裸体《はだか》で天国《てんごく》に復活《ふっかつ》するのだ、その間《あいだ》の人間《にんげん》の行路《こうろ》は中々面白《なかなかおもしろ》いものだ。そこに人生《じんせい》の真価《しんか》があるのだ。永遠《えいえん》に生《い》きんとするには、第《だい》一信仰《しんこう》の力《ちから》がいる。その力《ちから》が最《もっと》も強《つよ》く、その言霊《ことたま》は大《おお》きくなくてはならぬ。人生《じんせい》に宗教《しゅうきょう》のあるのはすべての樹草《きぐさ》に花《はな》のあるようなものだ。花《はな》が咲《さ》いてそして立派《りっぱ》な実《み》がみのるのである。何《いず》れにしても信教《しんきょう》は自由《じゆう》だ、意志想念《いしそうねん》のままになる天地《てんち》だ、天国《てんごく》に堕《お》ちるも、昇《のぼ》るも、地獄《じごく》に楽《たの》しむも苦《くる》しむも、自《みずか》ら罪人《ざいにん》となって歓《よろこ》ぶも、泣《な》くも、意志《いし》の自由《じゆう》だ。人間《にんげん》は各自勝手《かくじかって》に宗教《しゅうきょう》を選択《せんたく》するがよい、それが所謂信教《いわゆるしんきょう》の自由《じゆう》というものかも知《し》れぬ。

（『月鏡』三五頁）

（九）祈りは天帝にのみ

祈《いの》りは天帝《てんてい》にのみすべきものである。他《た》の神様《かみさま》には礼拝《れいはい》するのである。私《わたし》はそのつもりで沢山《たくさん》の神様《かみさま》に礼拝《れいはい》する、そは恰《あたか》も人々《ひとびと》に挨拶《あいさつ》すると同様《どうよう》の意味《いみ》においてである。誠《まこと》の神《かみ》様《さま》は唯《ただ》一柱《はしら》しかおはしまさぬ、他《た》は皆《みな》エンゼルである。

（『水鏡』一一二頁）

（一〇）何の仕事にも霊をこめる

どんな仕事《しごと》でも霊《れい》を籠《こ》めてやらねばよい結果《けっか》を得《え》るものでない。田圃《たんぼ》でも花園《かえん》でも主人《しゅじん》が毎日《まいにち》見廻《まわ》って霊《れい》を籠《こ》めねば決《けっ》してよく出来《でき》るものでない。小作人《こさくにん》や下男《げなん》にのみにながけておいて、よく出来《でき》るはずがない。天恩郷《てんおんきょう》の植物《しょくぶつ》は、松《まつ》でも、萩《はぎ》でも、アカシヤでも何《なん》でも皆非常《みなひじょう》な勢《いきお》いで成長《せいちょう》する。それは私《わたし》が毎日《まいにち》見廻《みまわ》って霊《れい》を籠《こ》めて育《そだ》てるからである。

（『水鏡』五四頁）

（二）無我の境

真《しん》の無我《むが》の境《きょう》というのは、人間《にんげん》としてあるものではない。無我《むが》のような感《かん》じをおこすことはある。それはある事業《じぎょう》に没頭《ぼっとう》して、それに一生懸命《しょうけんめい》になっておれば、他《た》の仕事《しごと》にたいしては無我《むが》の境《きょう》に入《はい》ることになる。しかし夢中《むちゅう》になっておるその仕事《しごと》にたいしては、けっして無我《むが》ではない。精神統《せいしんとう》一というが、これまた言《い》うべくして出来《でき》うべきことではない。祝詞《のりと》を奏上《そうじょう》しながらも、いろいろなことを思《おも》いうかぶるのがほんとうである。鎮魂《ちんこん》というのは「離遊《りゆう》の運魂《うんこん》を招《まね》いて身体《からだ》の中府に鎮《しず》める」ことであるから、いろいろの雑念《ざつねん》があつまりきたるが当然《とうぜん》である。その雑念《ざつねん》は罪障《ざいしょう》にたいする回想《かいそう》や希望《きぼう》となってあらわれてくるもので、それを想《おも》うのは、別《べつ》に悪《わる》いことではない。

（『神の国』昭和七年一月）

（一二）空相と実相

龍樹菩薩《りゅうじゅぼさつ》は空《くう》を説《と》いた。空《くう》というのは神《かみ》または霊《れい》ということである。目《め》に見《み》えず、耳《みみ》に聞《きこ》えぬ世界《せかい》であるから空《くう》というのである。空相《くうそう》は実相《じっそう》を生《う》む、霊《れい》より物質《ぶっしつ》が生《うま》れてくることを意味《いみ》する。無《む》より有《ゆう》を生《しょう》ずるというのも同《おな》じ意味《いみ》で、神《かみ》が総《すべ》ての根元《こんげん》でありそれより森羅万象《しんらばんしょう》を生《しょう》ずるのである。霊《れい》が先《さき》であり体《たい》が後《あと》である。家《いえ》を建《た》てようと思《おも》う思《おも》いは外《がい》的《てき》に見《み》て空《くう》である。けれどもその思《おも》いの中《なか》には、ちゃんと立派《りっぱ》な建造物《けんぞうぶつ》が出来上《できあが》っているのである。それがやがて設計図《せっけいず》となって具体化《ぐたいか》する。更《さら》に木材《もくざい》の蒐集《しゅうしゅう》となり組立《くみたて》となり、ついに実際《じっさい》の大廈高楼《たいかこうろう》が現出《げんしゅつ》する。空相《くうそう》が実相《じっそう》を生《う》み、無《む》より有《ゆう》を生《しょう》じたのである。

真如実相《しんにょじっそう》という意《い》を聞《き》くのか、真如《しんにょ》は神《かみ》、仏《ほとけ》、絶対無限《ぜったいむげん》の力《ちから》をいうのであるから、前《まえ》と同《おな》じ意味《いみ》である。実相《じっそう》は物質的意味《ぶっしつてきいみ》である。

（『月鏡』九四頁）

（一三）霊界と神霊界

霊界《れいかい》とは霊妙《れいみょう》な世界《せかい》ということであって、顕《けん》・幽《ゆう》・神《しん》三界《かい》を総称《そうしょう》していうのである。人《ひと》あり『霊界物語《れいかいものがたり》』を評《ひょう》して曰《いわ》く「書名題《しょめいだい》して霊界物語《れいかいものがたり》という。しかるに記《しる》すところは顕《けん》現界《げんかい》の事象甚《じしょうはなは》だ多《おお》し、何《なん》ぞそれ内容《ないよう》と題名《だいめい》と相応《そうおう》せざること如斯甚《かくのごとくはなは》だしきや」と、これ霊界《れいかい》の意味《いみ》を真《しん》に知《し》らざるが故《ゆえ》の妄評《ぼうひょう》であって、霊界《れいかい》というのは、三界《かい》を包含《ほうがん》したるものであるから、顕現界《けんげんかい》のことを記《き》して、ちっとも差支《さしつか》えないのである。世人《せじん》の所謂霊界《いわゆるれいかい》というのは、神霊界《しんれいかい》をさしていうのであって、霊界《れいかい》とはその範囲《はんい》がよほど狭《せま》くなってくる。

（『水鏡』一一頁）

（一四）心と魂

心《こころ》は勇親愛智《ゆうしんあいち》の働《はたら》きである。善悪自由《ぜんあくじゆう》になるもので、魂《たましい》は霊主体従《れいしゅたいじゅう》即《すなわ》ち善《ぜん》に働《はたら》くものである。心《こころ》が悪《あく》に作用《さよう》したものが悪霊《あくれい》である。五情《じょう》即《すなわ》ち省《かえりみる》、恥《はじる》、悔《くいる》、畏《おそれる》、覚《さとる》は霊《れい》魂中《こんちゅう》に含有《がんゆう》しているものである。

（『玉鏡』二四九頁）

（一五）血

血《ち》の色《いろ》は心《こころ》の色《いろ》である。赤《あか》い色《いろ》などと昔《むかし》からいうが、赤血球《せつけつきゅう》は霊《れい》そのものであると云《い》うてもよい。心《こころ》の変化《へんか》は直《す》ぐ血《ち》の色《いろ》に影響《えいきょう》するもので、羞恥《しゅうち》の念《ねん》が起《おこ》ると一遍《ぺん》に顔色《かおいろ》が赤《あか》くなり、心配《しんぱい》ごとに遭遇《そうぐう》すると蒼白色《そうはくしょく》になる。その度《たび》ごとに血液《けつえき》は色《いろ》を変《へん》ずるのである。ふとした出来事《できごと》より悪漢《あくかん》が善心《ぜんしん》に立《た》ち帰《かえ》るということがあるが、その時《とき》はパッと一度《ど》に血液《けつえき》が色《いろ》を変《へん》ずるので、面《おもて》が輝《かがや》いて来《く》るのである。

（『玉鏡』二四九頁）

（一六）人魂

人《ひと》の死《し》ぬときは青《あお》い火《ひ》の玉《たま》が出《で》る。これは人魂《ひとだま》といって見《み》たものがよくある。生《うま》れるときには赤《あか》い火《ひ》の玉《たま》が入《はい》って来《く》る。王仁《わたし》は見《み》たことがある。もう生《うま》れるくといっても、この火《ひ》の玉《たま》が入《はい》って来《こ》ねば人《ひと》は生《うま》れはせぬ。その時《とき》精霊《せいれい》が初《はじ》めて入《はい》って来《く》るのだ。

（『玉鏡』二五六頁）

（一七）霊と精霊

霊《れい》と精霊《せいれい》とを混同《こんどう》して考《かんが》えている人《ひと》があるが、それは大変間違《たいへんまちが》いである。霊《れい》は万物《ばんぶつ》に普《ふ》遍《へん》しておるので、この火鉢《ひばち》にでも、鉄瓶《てつびん》にでも、ないしは草花《くさばな》にでもある。もし霊《れい》が抜《ぬ》けてしまえば物《もの》はその形《かたち》を保《たも》つことが出来《でき》ないで崩壊《ほうかい》してしまう。非常《ひじょう》に長《なが》い年数《ねんすう》を経《へ》た土《ど》器《き》などが、どうもしないのにぐじゃくに崩《くず》れてしまうのは霊《れい》がぬけてしまったからである。鉱物《こうぶつ》、植物《しょくぶつ》みな霊《れい》のある間《あいだ》は、用《よう》をなすものである。精霊《せいれい》というのは動物《どうぶつ》の霊《れい》をさすのであって、即《すなわ》ち生魂《いくみたま》である。

（『水鏡』六二頁）

（一八）植物と精霊

植物《しょくぶつ》や石《いし》には霊《れい》はあっても、精霊《せいれい》が無《な》い。これは全《まった》く神様《かみさま》の御恵《みめぐみ》であって、もしこれらに精霊《せいれい》があったならば、長《なが》い間《あいだ》一ヶ所《しょ》にじっとして動《うご》くことは出来《でき》ないような境遇《きょうぐう》には堪《た》えられないであろう。植物《しょくぶつ》も古《ふる》くなれば木魂《もくこん》というて精霊《せいれい》が入《はい》るが、それは世《よ》にいう天《てん》狗《ぐ》が入《はい》るのである。だからよく世《よ》の人《ひと》が天狗《てんぐ》が松《まつ》の木《き》にとまっているなどというそれが、松《まつ》の木《き》の精霊《せいれい》である。

（『水鏡』二一二頁）

（一九）七七四十九日

「すべて人《ひと》は死《し》ぬと、死有《しう》から中有《ちゅうう》に、中有《ちゅうう》から生有《しょうう》という順序《じゅんじょ》になるので、現界《げんかい》で息《いき》を引取《ひきと》るとともに死有《しう》になり、死有《しう》から中有《ちゅうう》になるのは殆《ほとん》ど同時《どうじ》である。それから大抵《たいてい》七七四十九日《にち》の間《あいだ》を中有《ちゅうう》といい、五十日目《にちめ》から生有《しょうう》といって、親《おや》が定《き》まり兄弟《きょうだい》が定《き》まるのである。ただし元来《がんらい》そこには、山河《やまかわ》、草木《くさき》、人類《じんるい》、家屋《かおく》のごとき万有《ばんゆう》はあれども、眼《め》には触《ふ》れず単《たん》に親兄弟《おやきょうだい》がわかるのみで、そのときの、幽体《ゆうたい》は、あたかも三才《さい》の童子《どうじ》のごとく縮《しゅく》小《しょう》されて、中有《ちゅうう》になると同時《どうじ》に親子兄弟《おやこきょうだい》の情《じょう》が、霊覚的《れいかくてき》に湧《わ》いてくるのである。

そうして中有《ちゅうう》の四十九日間《にちかん》は幽界《ゆうかい》で迷《まよ》っておるから、この間《ま》に近親者《きんしんしゃ》が十分《ぶん》の追善供養《ついぜんくよう》をしてやらねばならぬ。またこれが親子兄弟《おやこきょうだい》の務《つと》めである。この中有《ちゅうう》にある間《あいだ》の追善供養《ついぜんくよう》は、生有《しょうう》に多大《ただい》の関係《かんけい》がある。すなわち大善《だいぜん》と大悪《だいあく》には中有《ちゅうう》なく、大善《だいぜん》は死有《しう》から直《ただ》ちに生有《しょうう》となり、大悪《だいあく》はただちに地獄《じごく》すなわち根底《ねそこ》の国《くに》に堕《お》ちる。ゆえに真《しん》に極善《ごくぜん》のものは眠《ねむ》るがごとく美《うつく》しい顔《かお》をしたまま国替《くにがえ》して、ただちに天国《てんごく》に生《う》まれ変《かわ》るのである。……」

（『霊界物語』第一巻・第一四章「神界旅行の一」）

（二〇）人間と現世

人間《にんげん》は幽界《ゆうかい》から現界《げんかい》へアク抜《ぬ》きのために送《おく》られて来《き》たものだとの説《せつ》を真《しん》なりとするならば、そのアク（悪《あく》）さへ抜《ぬ》けたら、幽界《ゆうかい》または神界《しんかい》へ引《ひ》き取《と》られるはずだから、何時《いつ》までも長生《ながい》きしておる人間《にんげん》は、アク抜《ぬ》けがしないために壮健《そうけん》なのだと思《おも》ったら、吾《われ》ながら、わが身《み》が浅《あさ》ましくなって来《く》るだろう。しかしながら人間《にんげん》は決《けっ》して現界《げんかい》へアク抜《ぬ》きのために生《う》まれ来《き》たのではない。神《かみ》が天地経綸《てんちけいりん》の司宰者《しさいしゃ》または使用者《しようしゃ》として、現世《げんせ》へ出《だ》したものである以上《いじょう》は、一日《にち》も長《なが》く生《い》きて、一事《こと》にても多《おお》く神《かみ》の御用《ごよう》を勤《つと》めねばならぬものである。朝夕《あさゆう》の天津祝詞《あまつのりと》や、神言《かみごと》はその日《ひ》その日の罪科《ざいか》、過《あやま》ちを祓《はら》い清《きよ》めて天来《てんらい》そのままの神《かみ》の子、神《かみ》の宮《みや》として神界《しんかい》に奉仕《ほうし》すると共《とも》に、現界《げんかい》において人間生存上大々的《にんげんせいぞんじょうだいだいてき》に活動《かつどう》すべきものである。

（『月鏡』三二一頁）

（二一）霊と血

霊《れい》は血液《けつえき》を機関《きかん》としていることは毎度《まいど》いう通《とお》りである。水死者《すいししゃ》などが死後数《しごすう》十時間《じかん》を経《けい》過《か》した後《のち》、父母兄弟《ふぼきょうだい》など身寄《みよ》りの者《もの》の来《きた》る時《とき》は、鼻孔等《びこうとう》より血液《けつえき》の流《なが》れ出《い》づるものである。

これは霊《れい》と霊《れい》との感応作用《かんのうさよう》が起《お》こるからである。

（『玉鏡』二四八頁）

（二二）追善供養

現界《げんかい》における人《ひと》の意志想念《いしそうねん》は、天国《てんごく》にも通《つう》ずるものである。生《い》き残《のこ》っている子《こ》が信仰《しんこう》を励《はげ》めば、それが親《おや》に通《つう》じて、幽界《ゆうかい》にある親《おや》の意志想念《いしそうねん》も段々向上《だんだんこうじょう》して行《い》くものである。これ追善供養《ついぜんくよう》が大切《たいせつ》な理由《りゆう》である。供物《くもつ》は誰《だれ》の手《て》でしても同《おな》じであって、お寺《てら》に納《おさ》めてお坊《ぼう》さんに供養《くよう》してもらおうが、神主《かんぬし》に頼《たの》んでお供《そな》えしてもらおうが、それは皆天国《みなてんごく》に届《とど》くのである。何故《なぜ》ならば、こちらの意志想念《いしそうねん》は死者《ししゃ》に手向《たむ》けるつもりであるから。ゆえに追善《ついぜん》供養《くよう》は恰《あたか》も天国《てんごく》へ為替《かわせ》を組《く》むようなものである。

（『水鏡』四九頁）

（二三）神饌について

元来神饌物《がんらいしんせんもの》は、同殿同床《どうでんどうしよう》の制《せい》で煮《に》たものを差上《さしあ》げるのが本義《ほんぎ》であるが、一々《いちいち》そうする用意《ようい》が出来《でき》ないので、生《なま》で差上《さしあ》げるようになったのである。生《なま》で上《あ》げますから、ご自由《じゆう》にご料理《りようり》をして下《くだ》さいと云《い》う意《い》で、水《みづ》からお塩《しお》までお供《そな》えしてあるのである。

（『玉鏡』一九二頁）

神様《かみさま》に祭典《さいてん》を執行《しっこう》し、種々《しゆじゆ》の幣帛《みてくら》や供物《くもつ》をする時《とき》の祝詞《のりと》にも、海川《うみかわ》山野《やまぬの》種々《くさぐさ》の美《うま》し物《もの》を、八足《やたり》の机代《つくえしろ》に横山《よこやま》のごとく置《お》き足《たら》わして捧《ささ》げまつるとか、甕《みか》の閉高知《へたかし》り、甕《みか》の腹満《はらみ》て並《なら》べて云々《うんぬん》と唱《とな》えるのが、日本《にほん》固有《こゆう》の美《うつく》しき風儀《ふうぎ》であって、たとえ少《すこ》しの供物《くもつ》でも、横山《よこやま》のごとくと、神直日大直日《かむなおひおおなおひ》に見直《みなお》し詔《の》り直《なお》しつゝ、神人《しんじん》を和《なご》め奉《まつ》るのは、神人《しんじん》一貫《かん》の妙辞《みようじ》にして、言霊《ことたま》の幸《さちは》う国《くに》の特色《とくしよく》であります。

これは少《すこ》しの物《もの》を、横山《よこやま》のごとく置《お》き足《た》らわして奉《まつ》ると申《もう》しても、けっして神様《かみさま》にたいして嘘言《そらごと》にならぬのであります。その真情《まごころ》を神界《しんかい》から納受《のうじゅ》あそばすのであって、神様《かみさま》は勇《いさま》しきことや盛《さか》んな言辞《ことば》を非常《ひじょう》に歓《よろこ》ばれて、悲観的《ひかんてき》の言葉《ことば》をお嫌《きら》いになるからであります。人間界《にんげんかい》で、物《もの》を土産《みやげ》として贈答《ぞうとう》する日用《にちよう》の言辞《ことば》に、これは誠《まこと》に粗末《そまつ》な物《もの》なれどもお目《め》にかけるとか、不味《まず》い物《もの》なれど進上《しんじょう》いたすとか、きわめて軽少《けいしょう》ながらとか言《い》って平然《へいぜん》としているのは、大変《たいへん》な間違《まちが》った行為《こうい》であります。実際《じっさい》に粗末《そまつ》な品《しな》なれば、人《ひと》に贈《おく》っては礼《れい》を欠《か》く、不味《まず》い物《もの》を土産《みやげ》にするというは失礼《しつれい》になるのである。これも知《し》りつゝ嘘《うそ》をついていて、そうとうの礼儀《れいぎ》をつくしておるように誤解《ごかい》しておる一例《れい》であります。

（随筆『神霊界』大正八年一一月一日　一〇頁）

霊《れい》の低《ひく》いものほど沢山《たくさん》食物《しょくもつ》を食《た》べるから、こういう霊《れい》への供物《そなえもの》は後《あと》が不味《まずく》ていけない。神様《かみさま》にお供《そな》えしたものは、ほんの少《すこ》し食《め》しあがって後《あと》へ精気《せいき》がはいるから、それがおかげである。あたかも美《うつく》しい香袋《においぶくろ》に手《て》を触《ふ》れると、移《うつ》り香《か》が残《のこ》るようなものである。通《とお》りがかりの飲食店《いんしょくてん》などの店《みせ》に飾《かざ》ってある寿司《すし》などは、うまそうに見《み》えるが、食《た》べてみるとははなはだ不味《まず》い。餓鬼《がき》の霊《れい》が味《あじ》を吸《す》い取《と》ってゆくからである。

（『水鏡』「霊と食物」二二一頁）

（二四）「祓ひたまへ清めたまへ」

神道《しんどう》では、「祓《はら》ひ玉《たま》へ清《きよ》め玉《たま》へ」というが、声《こえ》というのは心《こころ》の柄《え》で、心《こころ》の思《おも》うているところをだす。杓《しゃく》でも柄《え》がなければ使《つか》えない。心《こころ》の言霊《ことたま》をつづめると「こ」となる。魂《たましい》の発動《はつどう》によってむちゃくちゃなことをやる。その悪行為《あくこうい》を「祓《はら》ひ玉《たま》へ」といって、心《こころ》の進《すす》むままにやったことを祓《はら》いおとすのだ。「玉《たま》へ」という言霊《ことたま》は大本《おほもと》の「神言《かみごと》」にも使《つか》ってあるのが、「……し玉《たま》へ」というような昔《むかし》の祝詞《のりと》の言葉《ことば》とは違《ちが》う。大本《おほもと》は「玉《たま》の柄《え》祓《はら》へ、玉《たま》の柄《え》清《きよ》め」ということであるが、「玉《たま》へ」を先《さき》に言《い》っては語呂《ごろ》が悪《わる》いから、やむをえずああ言《い》っているのだ。玉《たま》というのは人《ひと》の魂《たましい》の約言《つまり》である。自分《じぶん》の知《し》らず識《し》らずの間《あいだ》に行《おこな》ったことが悪《わる》いと気《き》がついたら、そいつをすぐに祓《はら》ったらよいのだ。掛《か》け取《と》りでも払《はろ》うたらもうこないものだ。つまらぬ家《いえ》につまっておるのは掛《か》け取《と》りさんだ。

何事《なにごと》もはじめだれでもみな悪《わる》いと思《おも》ってやるものはない。みな良《よ》いと思《おも》ってやるのだから。泥棒《どろぼう》でも三分《ぶ》の理屈《りくつ》があるといって、なんでも理屈《りくつ》をつけりゃつくものだ。

（『神の国』「祓ひたまへ清めたまへ」大正一五年五月）

（二五）祝詞奏上

人間《にんげん》は往々《おうおう》にして、無意識《むいしき》に祝詞《のりと》を奏上《そうじょう》することがある。そういうとき、祝詞《のりと》が途中《とちゅう》に止《と》まると、後《あと》がすぐにでなくなるものである。機械的《きかいてき》に祝詞《のりと》を奏《あ》げるのはまったく蝉《せみ》が啼《な》いているのと同《おな》じで、たださえずるだけのようなものである。これでは本当《ほんとう》の祝詞《のりと》奏上《そうじょう》にはならない。また本当《ほんとう》の信仰《しんこう》ということはでき得《え》ないのである。祝詞《のりと》はべんべんだらりと奏上《そうじょう》するのもよくないが、駆《か》け足《あし》で奏上《そうじょう》するのもいけない。

心《こころ》の清《きよ》い人《ひと》と濁《にご》っている人《ひと》、身《み》の強健《きょうけん》な人《ひと》と羸弱《るいじゃく》な人《ひと》、すべてその声《こえ》を聴《き》いたらわかるものである。また同《どう》一人《にん》であっても、心《こころ》の愉快《ゆかい》なときとなやんでいるとき、体《からだ》が健《すこ》やかであるときと故障《こしょう》があるとき、元気《げんき》に満《み》ちているときと疲労《ひろう》しているとき、すべてその声音《せいおん》にあらわれてくるのである。とくに祝詞《のりと》をとなえる程度《ていど》の声音《せいおん》が、いちばんよく判断《はんだん》のつくものである。

ゆえに祝詞《のりと》は心身《しんしん》の鏡《かがみ》である。朝晩祝詞《あさばんのりと》を奏上《そうじょう》しながら、自分《じぶん》の声《こえ》を見《み》いだして反省《はんせい》し、心《こころ》を正《ただ》しくすればただちに声《こえ》がととのってくるし、自分《じぶん》の声《こえ》を清《きよ》く力強《ちからつよ》く発《はっ》することによって、心《こころ》もおのずから開《ひら》けてくるものである。

（『神の国』「祝詞奏上」昭和七年四月）

（二六）拍手

拍手《かしわで》は神様《かみさま》を讃仰《さんこう》する行為《こうい》である。今日《こんにち》の官国幣社《かんこくへいしゃ》では御神前《ごしんぜん》で礼拝《らいはい》のとき、みな二拍手《はくしゅ》することになっているが、大本《おほもと》は四拍手《はくしゅ》する。古い祝詞《のりと》にも「八平手《ひらで》を拍《う》ち上《あ》げて……」ということがある。八平手《ひらで》というのは即《すなわ》ち四拍手《はくしゅ》である。つまり大本《おほもと》は古式《こしき》をそのまゝ採用《さいよう》しているのである。

大本《おほもと》では祖霊《それい》を拝《おが》む場合《ばあい》は二拍手《はくしゅ》する。これは大神様《おおかみさま》を拝《おが》むときよりも遠慮《えんりょ》しているのである。また新霊様《あらみたまさま》を拝《おが》むときは一拍手《はくしゅ》するのが本当《ほんとう》である。これは遠慮《えんりょ》すると共《とも》に哀悼《あいとう》の意《い》をもふくんでいるのである。

拍手《はくしゅ》のうち方《かた》も余程慎重《よほどしんちょう》にせねばならぬ。ただポンポンと、あたかも主人《しゅじん》が下僕《げぼく》を呼《よ》ぶようなやり方《かた》は、神《かみ》に対《たい》してご無礼《ぶれい》となるのは勿論《もちろん》である。

（『玉鏡』「拍手」二三七頁）

（二七）玉串

玉串《たまぐし》は神様《かみさま》に衣《きぬ》をたてまつるの型《かた》である。

すべて霊界《れいかい》における事象《じしょう》は、現界《げんかい》において型《かた》をせねばならぬので、玉串《たまぐし》をささげて型《かた》さえすれば、霊界《れいかい》では想念《そうねん》の延長《えんちょう》で、立派《りっぱ》ないろいろの色《いろ》の絹《きぬ》と変《へん》じて、神様《かみさま》の御衣《ぎょい》となるのである。松《まつ》の梢《こずえ》につけてたてまつるのであるが、その松《まつ》はまた、想念《そうねん》の延長《えんちょう》によりて立《りっ》派《ぱ》な材木《ざいもく》となり、神界《しんかい》の家屋建築《かおくけんちく》に用《もち》いらるるのである。

このように現界《げんかい》で型《かた》をすれば、霊界《れいかい》ではいくらでも延長《えんちょう》するのであるが、型《かた》がなければどうすることもできない。だから祖霊様《それいさま》にでもつねにお供《そな》え物《もの》をすれば、祖霊様《それいさま》は肩身《かたみ》がひろい。多《おお》くの人《ひと》に頒《わか》って「晴《は》れ」をせらるることは、かつて話《はな》したとおりである。

（『神の国』「玉串」昭和九年一月）

（二八）笏

笏《しゃく》は身体《からだ》の揖《かじ》……かっこう調子《ちょうし》をとるためのものである。古《ふる》くから日本《にほん》にて用《もち》いられたもので、仏教《ぶつきょう》では如意《にょい》に相当《そうとう》する。

昔《むかし》は高貴《こうき》の方《かた》に奏上《そうじょう》するとき、その要項《ようこう》を紙《かみ》に書《か》いて裏面《うらめん》にはって置《お》いたものである。また祭典《さいてん》の折《お》りなども、順序次第等《じゅんじょしだいなど》を書《か》きしるしておいたのである。

笏《しゃく》には、本来《ほんらい》には、櫟《いちい》の木《き》を用《もち》いることになっている。昔《むかし》は位山《くらいやま》にできたアララギで造《つく》ったものであったが、アララギの笏《しゃく》は従《じゅ》一位以上《いいじょう》の官位《かんい》の人《ひと》でなければ持《も》たれなかったので、アララギを櫟《いちい》というようになったのである。

（『神の国』「笏」昭和七年三月）

（二九）霊界の親

霊界《れいかい》に行《ゆ》けば兄弟姉妹《きょうだいしまい》だけで親《おや》というものはない。親《おや》は即《すなわ》ち神様《かみさま》である。そして夫婦《ふうふ》は、一体《たい》であり一心《しん》である。

（『玉鏡』「霊界の親」二三九頁）

(三〇) 花壇は天国・霊国を表現する

天国《てんごく》にも霊国《れいごく》にも花園《はなぞの》がなければならぬ。それで私《わたし》が昔《むかし》、花《はな》を植《う》えると、わけの分《わか》らぬ役員《やくいん》たちが抜《ぬ》いて捨《す》ててしまう。だから綾部《あやべ》に中々天国《なかなかてんごく》が建設《けんせつ》せられなかった。幸《さいわ》い亀岡《かめおか》の役員《やくいん》たちは、私《わたし》を比較的《ひかくてき》よく理解《りかい》していてくれるので霊国《れいごく》の一大要素《だいようそ》たる花苑《かえん》や花壇《かだん》が段々《だんだん》に出来《でき》てきて結構《けっこう》である。いま私《わたし》は温室《おんしつ》を造《つく》っておるが、冬《ふゆ》になって花《はな》がなくなると霊国《れいごく》の資格《しかく》が欠《か》けるから、それで私《わたし》がこしらえておると、いまに訳《わけ》の分《わか》らぬ人《ひと》たちが「この経費多端《けいひたたん》の秋《とき》に当《あた》って、贅沢《ぜいたく》な温室《おんしつ》などをこしらえて、聖師《せいし》さまはどうするおつもりであろうか」などという。今《いま》も昔《むかし》も忠義《ちゅうぎ》ぶって神《かみ》の経綸《しぐみ》の妨害《ぼうがい》ばかりする守護神《しゅごじん》が多《おお》いのは困《こま》ったものである。神諭《しんゆ》に「九つ花《はな》が咲《さ》きかけたぞよ、九つ花《はな》が十ようになって咲《さ》くときは、万古末代萎《まんごまつだいしお》れぬ生花《いきばな》であるぞよ」とある。一未信者《みしんじゃ》の設計《せっけい》になった天恩郷《てんおんきょう》の花壇《かだん》の形《かたち》が、十曜《よう》の神紋《しんもん》であったときに、私《わたし》はいよく時節進展《じせつしんてん》と喜《よろこ》んだ。綾部《あやべ》の神苑《しんえん》にも花壇《かだん》が出来《でき》るようにならねば天国《てんごく》は開《ひら》けぬのである。

（『水鏡』「霊国天国と花壇」四四頁）

（三二）高天原は輝く世界

高天原《たかあまはら》に発生《はっせい》せる樹木《じゅもく》は、仏説《ぶっせつ》にあるごとく金《きん》、銀《ぎん》、瑪瑙《めのう》、硨磲《しゃこ》、瑠璃《るり》、玻璃《はり》、水晶《すいしょう》などの七宝《ぽう》をもって飾《かざ》られたるがごとく、その幹《みき》、枝《えだ》、葉《は》、花《はな》、果実《かじつ》に至《いた》るまで、実《じつ》に美《うるわ》しきこと、口舌《こうぜつ》のよく尽《つく》し得《う》るところではない。神社《じんじゃ》や殿堂《でんどう》やその他《た》の住宅《じゅうたく》においても、内《ない》部《ぶ》に入《はい》って見《み》れば、愛善《あいぜん》の徳《とく》と信真《しんしん》の光明《こうみょう》に相応《そうおう》するによって、これまた驚《おどろ》くばかりの壮《そう》観《かん》であり美麗《びれい》である。

（『霊界物語』第四八巻・第一一章「霊陽山」）

(三二) 天国・霊国団体の住居

大神《おおかみ》のしろしめす天国団体《てんごくだんたい》を組織《そしき》せる天人《てんにん》は、たいてい高《たか》い所《ところ》に住居《じゆうきょ》を占《し》めている。その場所《ばしょ》は、自然界《しぜんかい》の地上《ちじょう》を抜《ぬ》く山岳《さんがく》の頂上《ちょうじょう》に相似《そうじ》している。また大神《おおかみ》の霊国団体《れいごくだんたい》を造《つく》れる天人《てんにん》は、少《すこ》し低《ひく》い所《ところ》に住居《じゆうきょ》を定《さだ》めている。あたかも丘陵《きゅうりょう》のようである。されど、高天原《たかあまはら》の最《もっと》も低《ひく》き所《ところ》に住居《じゅうきょ》する天人《てんにん》は、岩石《がんせき》に似《に》たる絶景《ぜっけい》の場所《ばしょ》に住居《じゅうきょ》を構《かま》えている。しかして、これらの事物《じぶつ》は、すべて愛《あい》と信《しん》との相応《そうおう》の理《り》によって存在《そんざい》するのである。

大神《おおかみ》の天国《てんごく》は、すべて想念《そうねん》の国土《こくど》なるをもって、内辺《ないへん》のことは高《たか》き所《ところ》に、外辺《がいへん》のことはすべて低《ひく》い所《ところ》に相応《そうおう》するものである。

ゆえに高《たか》い所《ところ》をもって、天国的《てんごくてき》の愛善《あいぜん》を表明《ひょうめい》し、低《ひく》い所《ところ》をもって、霊国的《れいごくてき》の愛善《あいぜん》を現《あら》わし、岩石《がんせき》をもって信真《しんしん》を現《あら》わすのである。岩石《がんせき》なるものは、万世不易《ばんせいふえき》の性質《せいしつ》を有《ゆう》し、信《しん》真《しん》に相応《そうおう》するがゆえである。しかしながら、霊国《れいごく》の団体《だんたい》は低《ひく》き所《ところ》に在《あ》りとはいえ、やはり地上《ちじょう》を抜《ぬ》く丘陵《きゅうりょう》の上《うえ》に設《もう》けられてある。ちょうど綾《あや》の聖地《せいち》における本宮山《ほんぐうやま》のごときは、その好適例《こうてきれい》である。霊国《れいごく》は、なにゆえ天国《てんごく》の団体《だんたい》よりもやや低《ひく》き所《ところ》に居住《きょじゅう》するかといえば、すべて霊国《れいごく》の天人《てんにん》は、信《しん》の徳《とく》を主《しゅ》とし、愛《あい》の徳《とく》を従《じゅう》としている、いわゆる信主愛従《しんしゅあいじゅう》の情態《じょうたい》なるがゆえに、この国土《こくど》の天人《てんにん》は、智慧《ちえ》と証覚《しょうかく》を研《みが》き、宇宙《うちゅう》の真理《しんり》を覚《さと》り、次《つい》で神《かみ》の愛《あい》を能《よ》くその身《み》に体《たい》し、天国《てんごく》の宣伝使《せんでんし》として、各団体《かくだんたい》に派遣《はけん》さるるもの多《おお》きをもって、最高《さいこう》ならず、ほとんど中間《ちゅうかん》の場所《ばしょ》にその位置《いち》を占《し》めることになっているのである。

ゆえに世界《せかい》の大先祖《だいせんぞ》たる大国常立尊《おおくにとこたちのみこと》は、海抜《かいばつ》二百フィート内外《ないがい》の綾《あや》の聖地《せいち》に現《あら》われたまうにもかかわらず、木花咲耶姫命《このはなさくやひめのみこと》は海抜《かいばつ》一万三千尺《ぜん》の天教山《てんきょうざん》に、その天国的中枢《てんごくてきちゅうすう》を定《さだ》めたまうも、この理《り》によるのである。

しかし木《こ》の花姫命《はなひめのみこと》は霊国《れいごく》の命《めい》を受《う》け、天国《てんごく》はいうに及《およ》ばず、中有界《ちゅううかい》、現実界《げんじつかい》および地《じ》獄界《ごくかい》まで、神《かみ》の愛《あい》を均霑《きんてん》せしむべきその聖職《せいしょく》につかせたまい、かつ神人和合《しんじんわごう》の御役目《おんやくめ》に当《あた》らせたまうをもって、たとえ天国《てんごく》の団体《だんたい》にましますといえども、時々《ときどき》化相《けそう》をもって精霊《せいれい》を充《み》たし、あるいは直接化相《ちょくせつけそう》して、万民《ばんみん》を教《おし》え導《みちび》きたまうのである。

（『霊界物語』第四八巻・第一一章「霊陽山」大正一二年一月一三日）

（三三）祖先の命日と死

祖先《そせん》の命日《めいにち》などによく人《ひと》が死《し》ぬものだが、これは悪霊《あくれい》になった祖先《そせん》の霊《れい》がひっぱりに来《く》るのである。ひっぱりに来《く》るような霊《れい》は勿論天国《もちろんてんごく》へなど行《い》っていない。天国《てんごく》にいる霊《れい》は、天界《てんかい》の仕事《しごと》が忙《いそが》しいので、特別《とくべつ》の場合以外《ばあいいがい》は子孫《しそん》を守《まも》りきっているものではない。勿論天《もちろんてん》国《ごく》に昇《のぼ》れない祖霊《それい》などに子孫《しそん》を守護《しゅご》する力《ちから》などはない。それ故《ゆえ》、どうしても祖霊《それい》を復祭《ふくさい》し、神界《しんかい》に復活《ふっかつ》するようにしなければならぬ。

（『玉鏡』「祖先の命日と死」五〇頁）

（三四）惟神霊幸倍世《かむながらたまちはえませ》

神様《かみさま》の御心《みこころ》のまにまに霊《みたま》の善《よ》くなるようにお願《ねが》いしますというので、神様《かみさま》に対《たい》する祈《いの》りの言葉《ことば》である。それを祖霊《それい》の前《まえ》でいうのは、祖霊《それい》に祈《いの》っているのではなくて、祖霊《それい》のために大神様《おおかみさま》に祖霊《それい》が幸《さち》はうようにと祈《いの》るのである。

（『玉鏡』「惟神霊幸倍世」九二頁）

（三五）信じきること

神《かみ》の教《おしえ》をする道場《どうじょう》は八衢《やちまた》である。ここで神《かみ》の話《はなし》を聞《き》いて神《かみ》の国《くに》に昇《のぼ》ることになる。神《かみ》による心《こころ》は即《すなわ》ち天国《てんごく》である。天国《てんごく》は意志想念《いしそうねん》の世界《せかい》であるから、例《たと》え間違《まちが》っておっても信《しん》じきっておれば、そう信《しん》じたところに魂《みたま》が行《い》くから、それ相当《そうとう》の天国《てんごく》に行《ゆ》くことが出来《でき》る。どんな教《おしえ》を聞《き》いても、本当《ほんとう》かどうかと疑《うたが》い迷《まよ》うておっては、天国《てんごく》に赴《おもむ》くことは出来《でき》ない。

浅《あさ》い信仰《しんこう》や間違《まちが》った信仰《しんこう》をもった人《ひと》は、霊界《れいかい》に行《い》って初《はじ》めてそれと気《き》がつくのである。如《い》何《か》に徹底《てってい》した教《おしえ》を聞《き》いても、何処《どこ》かに腑《ふ》に落《お》ちぬところがありながら信仰《しんこう》しているのでは、死後《しご》八衢《やちまた》に赴《おもむ》き、また迷信《めいしん》でも一生懸命《しょうけんめい》であれば、それ相応《そうおう》の天国《てんごく》に行《い》く。そして天国《てんごく》に行《ゆ》けば、自分《じぶん》の居《い》る団体《だんたい》だけが天国《てんごく》と思《おも》い、他《た》に大小幾他《だいしょういくた》の団体《だんたい》があることを知《し》らない。

神《かみ》に対《たい》する智慧証覚《ちえしょうかく》の程度《ていど》によって、多数《たすう》の団体《だんたい》があることは『霊界物語《れいかいものがたり》』に示《しめ》してある通《とお》りであって、同《おな》じ団体《だんたい》に居《お》る人《ひと》の中《なか》で、智慧証覚《ちえしょうかく》がすゝめば、上《うえ》の階級《かいきゅう》の団体《だんたい》から迎《むか》えに来《き》てそこに赴《おもむ》き、かくてズンく向上《こうじょう》の道《みち》をたどるのである。

（『玉鏡』「信じきること」八八頁）

（三六）取違いの信仰

信仰《しんこう》は全《まった》く自由《じゆう》なものだ。神《かみ》の道《みち》では取違《とりちが》いと慢心《まんしん》とが一番恐《ばんおそ》ろしい。取違《とりちが》いしていると神《かみ》の目《め》からは間違《まちが》いきったことでも、自分《じぶん》は正《ただ》しい信仰《しんこう》だと思《おも》って進《すす》んで行《ゆ》き、他《た》からの忠言《ちゅうげん》も戒《いまし》めも聞《き》かない。そして行《ゆ》く所《ところ》まで行《い》って遂《つい》に突《つ》き当《あた》って鼻《はな》を打《う》ってヤット気《き》がつく。そして後《あと》を振《ふ》りかえって初《はじ》めて背後《はいご》の光明《こうみょう》を見《み》て驚《おどろ》き正道《せいどう》に立《た》ち帰《かえ》るのである。

ともかく間違《まちが》っていても神《かみ》から離《はな》れぬことが大切《たいせつ》である。やがて必《かなら》ず自分《じぶん》から気《き》がつくことがある。間違《まちが》っているからといって矢鱈《やたら》に攻撃《こうげき》してもつまらない。実《じつ》は皆誰《みなだれ》でも取違《とりちが》いのないものはない。今日《こんにち》のところ、まだ本当《ほんとう》に分《わか》ったものは一人《り》もないのだ。

（『玉鏡』「取違いの信仰」九〇頁）

（三七）愛の分霊

現界《げんかい》において一人《り》の人《ひと》を数人《すうにん》の異性《いせい》が相愛《あいあい》し合《あ》うと、多角関係《たかくかんけい》となって秩序《ちつじょ》が乱《みだ》れて困《こま》るけれども、霊界《れいかい》において愛《あい》という同《おな》じ心《こころ》が一つになっているから、一つも障害《しょうがい》はない。

愛《あい》と愛《あい》とが一つになり、霊《れい》と霊《れい》とが相合《あいあ》うからである。神《かみ》は伊都《いづ》の千別《ちわ》きに千別《ちわ》きて聞《きこ》し召《め》すというように、幾多《いくた》の人《ひと》にその愛《あい》を分《わ》け与《あた》えられるのである。（『玉鏡』一三三頁）

（三八）吾子の死

永年大本《ながねんおほもと》の信仰《しんこう》をしている信者《しんじゃ》の子供《こども》が、一年《ねん》の中《うち》に二人《り》まで国替《くにがえ》をしたことについて、何《なに》か神様《かみさま》にご無礼《ぶれい》があって、お咎《とが》めを蒙《こうむ》っているのではあるまいかと、尋《たず》ねて来《き》た者《もの》があるが、決《けっ》してそうではない。

元来霊界《がんらいれいかい》に生《うま》るゝものは、どうしても一度現界《どげんかい》に生《うま》れて来《こ》なければならない。これが神《しん》定《てい》の手続《てつづ》きである。神命《しんめい》によって現界《げんかい》に生《うま》れ、神命《しんめい》によって霊界《れいかい》に入《い》る。霊体不二《れいたいふじ》、生死《せいし》一如《にょ》の真諦《しんてい》が分《わか》っておれば少《すこ》しも歎《なげ》くに足《た》らないのである。生《うま》れて来《き》たものは手続《てつづ》きを了《りょう》して霊界《れいかい》に入《い》り、神命《しんめい》のまにく御用《ごよう》をなし、生《う》みて育《そだ》てたものは、そのことによって神業奉仕《しんぎょうほうし》をしたことになる。子供《こども》を死《し》なしたことによって信仰《しんこう》がぐらつくような人《ひと》には、こんな神業奉仕《しんぎょうほうし》は苦痛《くつう》であろうが、徹底《てってい》すればこれも結構《けっこう》な御用《ごよう》である。お咎《とが》めをうけるどころではない。王仁《わたし》も三人《にん》まで子供《こども》を失《うしな》っている。

（『玉鏡』一八七頁）

（三九）生命は同年

三つ子《ご》も老人《ろうじん》も生命《いのち》の上《うえ》から云《い》えば同年《どうねん》である。老少不定《ろうしょうふじょう》、どちらが先《さき》に逝《ゆ》くか分《わか》ったものではない。若返《わかがえ》りたいのならば、年《とし》の勘定《かんじょう》を止《や》めるのが一番《ばん》だ。あまり年齢《ねんれい》のことを気《き》にかけるから益々年《ますますとし》が寄《よ》るのだ。

（『玉鏡』一九九頁）

（四〇）守護神

大本《おほもと》において守護神《しゅごじん》を祀《まつ》る（注・現在《げんざい》は執行《しっこう》していない）のは、当人《とうにん》の精霊《せいれい》の和魂《にぎみたま》と幸《さち》魂《みたま》である。荒魂《あらみたま》と奇魂《くしみたま》は死《し》んでから新霊《あらみたま》として祀《まつ》るのである。つまり、生前守護神名《せいぜんしゅごじんめい》をいただき守護神《しゅごじん》を奉斎《ほうさい》するのは、仏教《ぶっきょう》で云《い》えば生前戒名《せいぜんかいみょう》をもらい位牌《いはい》をこしらえて置《お》くようなものである。各自《かくじ》の守護神《しゅごじん》は祖霊《それい》と同等《どうとう》に祀《まつ》り二拍手《はくしゅ》すべきものである。

（『玉鏡』二三二頁）

（四一）死に直面しての安心立命

死《し》というものは人間《にんげん》にとっては最《もっと》も大切《たいせつ》なる大峠《おおとうげ》である、階段《かいだん》である。霊肉分離《れいにくぶんり》の時《とき》をもって普通一般《ふつういっぱん》に死《し》だという。如何《いか》なる思想《しそう》、如何《いか》なる境遇《きょうぐう》の人間《にんげん》も死《し》というものゝ境《きょう》界《かい》に想《おも》いをいたしたときは何等《なんら》かの感慨《かんがい》に打《う》たれないものは無《な》い。虚心虚無《きょしんきょむ》の境《さかい》に入《い》ったと平素《へいそ》いっている悟道者《ごどうしゃ》もまた相当《そうとう》の寂《さび》しみを有《ゆう》するのが常《つね》である。況《いわん》や俗人《ぞくじん》においてをや。現世《げんせ》に対《たい》して執着《しゅうちゃく》の感想《かんそう》を強《つよ》うすると共《とも》に行《い》く末《すえ》に対《たい》しての欲求《よっきゅう》が沛然《はいぜん》として台頭《たいとう》して来《く》るだろう。

かなりの屁理屈《へりくつ》を囀《さえず》って飯《めし》を食《く》っている間《あいだ》は別《べつ》にその本心《ほんしん》に衝動《しょうどう》はないが、さて口《くち》でこそ色々《いろいろ》と強《つよ》そうなことをいっていても、それが、いよ〱何日《なんにち》の何時《なんじ》に汝《なんじ》の生命否肉体《せいめいいなにくたい》は破滅《はめつ》すると断定《だんてい》されたときには、人相当《ひとそうとう》の想《おも》いを致《いた》すは事実《じじつ》である。それが各人各様《かくじんかくよう》にそうした事実《じじつ》が運命《うんめい》づけられていながら明《あき》らかで無《な》いから良《よ》いようなものゝ適確《てきかく》に断定《だんてい》されたらかなり強烈《きょうれつ》なる衝動《しょうどう》を感《かん》ずるであろう。

万事《ばんじ》は天運《てんうん》と諦《あきら》めて見《み》ようと思《おも》ってもそれは生《せい》にたいする欲求《よっきゅう》が余《あま》りに強《つよ》いために出来《でき》にくい。未来《みらい》は天国《てんごく》へ行《い》って復活《ふっかつ》するという確信《かくしん》があってもそれが時間的《じかんてき》に断定《だんてい》されたら、如何《どう》しても心魂《しんこん》がぐらついて来《く》る。死《し》の境《さかい》に直面《ちょくめん》して真個《しんこ》に微笑《びしょう》して行《い》くという人《ひと》は大本《おおもと》信者《しんじゃ》の外《ほか》には断《だん》じて無《な》いだろう。一段《だん》の宗教家《しゅうきょうか》らしい人《ひと》も信仰者《しんこうしゃ》も、精神修養者《せいしんしゅうようしゃ》も道徳《どうとく》体験者《たいけんしゃ》も、既成宗教《きせいしゅうきょう》の何《いず》れの派《は》の信徒《しんと》も、真個《しんこ》に微笑《びしょう》して心《こころ》から嬉《うれ》しく楽《たの》しんでニコヤ力に死《し》につくものはない。ゆえに吾人《ごじん》は地上《ちじょう》一般《ぱん》の人々《ひとびと》に対《たい》してこの大問題《だいもんだい》を解決《かいけつ》し心《こころ》の底《そこ》から安心立命《あんしんりつめい》させたいために日夜《にちや》の活動《かつどう》を続《つづ》けているのである。

（『水鏡』一七〇頁）

〇

安心立命《あんしんりつめい》とは、心《こころ》を安《やす》め、命《いのち》を立《た》つるという事《こと》である。心配《しんぱい》すると脳《のう》が痛《いた》む、脳《のう》を痛《いた》め使《つか》っては安心《あんしん》が出来《でき》ぬ。心《こころ》が休《やす》（安《やす》）まらぬので生命《いのち》を削《けず》る。心配《しんぱい》ぐらい人間《にんげん》にとって毒《どく》になるものは無《な》い。彼《か》の相場師《そうばし》などは、実《じっ》に安心《あんしん》の時《とき》を一日《にち》だももたぬものであるから、ああした仕事《しごと》をしている人《ひと》は短命《たんめい》である。

（『玉鏡』二四八頁）

（四二）祖霊様の守護（他神の守護）

私《わたし》は常《つね》に「上帝《じょうてい》一霊《れい》四魂《こん》をもって心《こころ》を造《つく》り、これを活物《かつぶつ》に賦《ふ》す。地主《ちしゅ》三元《げん》八力《りき》をもって体《たい》を造《つく》り、これを万有《ばんゆう》に与《あた》う。ゆえにその霊《れい》を守《まも》るものはその体《たい》、その体《たい》を守《まも》るものはその霊《れい》なり。他神在《たしんあ》ってこれを守《まも》るに非《ひ》ず。即《すなわ》ち天父《てんぷ》の命永遠不易《めいえいえんふえき》」と説《と》いている。「他《た》神在《しんあ》ってこれを守るに非《ひ》ず」ということは、自分《じぶん》の天賦《てんぷ》の霊魂《れいこん》以外《いがい》に他《た》の神《かみ》がかゝって守《しゅ》護《ご》するということはないというのである。

よく狐《きつね》や狸《たぬき》が憑《かか》って守《まも》るというけれども、それは守《まも》るのではなくて肉体《にくたい》を害《がい》するのである。祖霊《それい》さんが守《まも》って下《くだ》さるとか、あるいは産土《うぶすな》の神《かみ》が守《まも》られるとかいうのは、自分《じぶん》の精《せい》霊《れい》が祖霊《それい》あるいは産土《うぶすな》の神《かみ》と相感応《あいかんのう》してそう思《おも》うだけのことである。

私《わたし》の幼時《ようじ》、囲炉裏《いろり》に落《お》ちたときに祖父《おじい》さんが現《あら》われて私《わたし》を助《たす》けて下《くだ》さったというのは、私《わたし》の霊《れい》が祖父《おじい》さんと見《み》せているので、私《わたし》が祖父《おじい》さんと感《かん》じて見《み》ていただけである。

悪霊《あくれい》は人《ひと》の空虚《くうきょ》に入《はい》って害悪《がいあく》をおよぼす。つまり滝《たき》に打《う》たれたり、あるいは断食《だんじき》の修《しゅ》行《ぎょう》などをすれば、肉体《にくたい》が衰弱《すいじゃく》して空虚《くうきょ》が出来《でき》るから、そこに悪霊《あくれい》が感応《かんのう》するのである。空《くう》虚《きょ》があっては正《ただ》しい人《ひと》という事《こと》は出来《でき》ない。四魂即《こんすなわ》ち天賦《てんぷ》の勇《ゆう》親《しん》愛《あい》智《ち》を完全《かんぜん》に働《はたら》かすことが大切《たいせつ》である。産土《うぶすな》の神《かみ》が守《まも》るというのは、村長《そんちょう》が村民《そんみん》の世話《せわ》をするようなもので、決《けっ》

して人間《にんげん》に直接産土《ちょくせつうぶすな》の神《かみ》が来《きた》って守《まも》るということはない。（『玉鏡』「他神の守護」二三二頁）

（四三）内分の教と外分の教

『霊界物語《れいかいものがたり》』には、産土山《うぶすなやま》の高原伊祖《こうげんいそ》の神館《やかた》において、神素盞嗚尊《かむすさのおのみこと》が三五教《あなないきょう》を開《ひら》きたまい、あまたの宣伝使《せんでんし》を四方《よも》に派遣《はけん》したまう御神業《ごしんぎょう》は、決《けっ》して現界《げんかい》ばかりの物語《ものがたり》ではありませぬ。霊界《れいかい》すなわち天国《てんごく》や精霊界《せいれいかい》（中有界《ちゅううかい》）や根底《ねそこ》の国《くに》まで救《すく》いの道《みち》を布衍《ふえん》したまうた事実《じじつ》であります。ウラル教《きょう》やバラモン教《きょう》、あるいはウラナイ教《きょう》などの物語《ものがたり》は、たいてい顕界《けんかい》に関《かん》した事実《じじつ》が述《の》べてあるのです。ゆえに、三五教《あなないきょう》は、内分的《ないぶんてき》の教《おしえ》を主《しゅ》とし、その他《た》の教《おしえ》は、外分的《がいぶんてき》の教《おしえ》をもって地上《ちじょう》を開《ひら》いたのであります。ゆえに顕幽神《けんゆうしん》三界《かい》を超越《ちょうえつ》した物《もの》語《がたり》というのは、右《みぎ》の理由《りゆう》から出《で》た言葉《ことば》であります。

（『霊界物語』第四七巻「総説」大正一二年一月八日）

(四四) 天地を統御される主神・神素盞嗚大神

主《す》の神《かみ》なる神素盞嗚大神《かむすさのおおおかみ》は神典古事記《しんてんこじき》に載《の》せられたる如《ごと》く、大海原《おおうなばら》（地上世界《ちじょうせかい》）を知食《しろしめ》すべき御天職《ごてんしょく》が在《あ》らせらるるは明白《めいはく》なる事実《じじつ》であります。主《す》の神《かみ》は、天界《てんかい》をも地《ち》の世界《せかい》をも治《おさ》め統《す》べ守《まも》りたまうといえば、大変《たいへん》に驚《おどろ》かるる国学者《こくがくしゃ》も出現《しゅつげん》するでしょう。しかしながら、天界《てんかい》といっても、天国《てんごく》といっても、やはり山川草木《さんせんそうもく》その他《た》一切《さい》の地上《ちじょう》と同一《どう》の万類《ばんるい》があり、土地《とち》も厳然《げんぜん》として存在《そんざい》しているのであるから、天界《てんかい》地球両方面《ちきゅうりょうほうめん》の主宰神《しゅさいしん》といっても、あまり錯誤《さくご》ではありますまい。

天界《てんかい》または天国《てんごく》といえば、蒼空《そうくう》にある理想国《りそうこく》、いわゆる主観的霊《しゅかんてきれい》の国《くに》だと思《おも》っている人《ひと》には容易《ようい》に承認《しょうにん》されないでしょう。天国《てんごく》とは決《けっ》して冲虚《ちゅうきょ》の世界《せかい》ではありませぬ。天人《てんにん》といえども、また、決《けっ》して羽衣《はごろも》を着《き》て空中《くうちゅう》を自由自在《じゆうじざい》に飛翔《ひしょう》するものとのみ思《おも》っているのは、大《だい》なる誤解《ごかい》であります。天国《てんごく》にも大海原《おおうなばら》すなわち国土《こくど》があるのです。ただ善《ぜん》と真《しん》との智慧《ちえ》と証覚《しょうかく》を得《え》たる、固体的天人《こたいてきてんにん》の住居《じゅうきょ》する楽土《らくど》なのであることを思考《しこう》するときは、主《す》の神《かみ》の天地《てんち》を統御按配《とうぎょあんばい》したまうというも、決《けっ》して不可思議《ふかしぎ》な議論《ぎろん》ではありませぬ。

ゆえに、大海原《おおうなばら》の主宰《しゅさい》たる主《す》の神《かみ》は、天界《てんかい》の国土《こくど》たると、地上《ちじょう》の国土《こくど》たるとを問《と》わず、守護《しゅご》したまうはむしろ当然《とうぜん》であります。（『霊界物語』第四七巻「総説」大正一二年一月八日）

（四五）救世主義

愛善主義《あいぜんしゅぎ》は真《しん》の救世主義《きゅうせいしゅぎ》であります。悪人《あくにん》を悪人《あくにん》として罰《ばっ》し、善人《ぜんにん》を善人《ぜんにん》として賞《しょう》するのは、現実界《げんじつかい》すなわち自然界《しぜんかい》の人為的法則《じんいてきほうそく》で、愛善《あいぜん》そのものとは非常《ひじょう》に遠《とお》いものであって、こうしたやり方《かた》では到底世《とうていよ》を救《すく》うことは出来《でき》ないのであります。

現世相《げんせそう》は日一日《ひにち》と悪化《あっか》して、国《くに》と国《くに》、民族《みんぞく》と民族間《みんぞくかん》の軋轢《あつれき》や忌《い》まわしい闘争《とうそう》が益々《ますます》露骨《ろこつ》に演《えん》じられ、産業《さんぎょう》、経済《けいざい》、思想《しそう》、政治《せいじ》、一切《さい》の世相《せそう》に一大変動《だいへんどう》は免《まぬが》れぬ状態《じょうたい》にまでさし迫《せま》って来《き》たのであります。この際《さい》この時《とき》、国民《こくみん》はしっかりと腹帯《はらおび》を締《し》めてこの難局《なんきょく》に善《ぜん》処《しょ》しなければならぬ。それには先《ま》ず救世主義《きゅうせいしゅぎ》であるところの愛善主義《あいぜんしゅぎ》すなわち伊都能売《いづのめ》主義《しゅぎ》に依《よ》らねばなりませぬ。

（『惟神の道』「救世主義」二五頁）

（四六）人生の目的

神様《かみさま》が人間《にんげん》を世界《せかい》に創造《そうぞう》したもうた使命《しめい》は、決《けっ》して人間《にんげん》が現界《げんかい》に於《お》ける生涯《しょうがい》の安逸《あんいつ》を計《はか》らしむるが如《ごと》き浅薄《せんぱく》なものではない、人間《にんげん》は神様《かみさま》の目的経綸《もくてきけいりん》をよくよく考察《こうさつ》して、どこまでも善徳《ぜんとく》を積《つ》み信真《しんしん》の光《ひかり》を顕《あら》わし、神《かみ》の生宮《いきみや》、天地経綸《てんちけいりん》の御使《みつかい》となって、三界《がい》のために大々的活動《だいだいてきかつどう》せなくては成《な》らないものである。

（『霊界物語』五六巻「総説」大正一一年三月七日）

（四七）魂は外へ出さねばならぬ

魂《たましい》は遠心的《えんしんてき》のものであるから、外《そと》へ出《だ》さねばならぬ。内《うち》へ引《ひ》っ込《こ》めるから狭《せま》い胸《むね》がなお苦《くる》しくなって来《く》るのである。魂《たましい》は決《けっ》して傷《きず》つけてはならぬ。いろんな事件《じけん》が起《おこ》ったら、雨《あめ》や風《かぜ》が吹《ふ》き荒《すさ》んでいるのだと考《かんが》えたらよい。魂《たましい》を自由《じゆう》の境地《きょうち》において活動《かつどう》するのが、惟神《かむながら》である。

（『水鏡』八四頁）

（四八）明従せよ

王仁《わたし》は盲目《めくら》ではない、先《さき》の事《こと》がわかっている。将来《しょうらい》の事《こと》が見《み》えぬ人《ひと》は、ただ素直《すなお》に王仁《わたし》について来《き》たらよい。ただ王仁《わたし》に「明従《めいじゅう》」しておればそれでよい。

（『玉鏡』一五八頁）

瑞言歌

（一）応酬歌

神《かみ》が表《おもて》に現《あら》われて　善神邪神《ぜんしんじゃしん》を立別《たてわ》ける
そもそも神《かみ》が人間《にんげん》を　この世《よ》に下《くだ》し給《たま》いしは
天国浄土《てんごくじょうど》の繁栄《はんえい》を　開《ひら》かむための思召《おぼしめ》し
選《え》り清《きよ》めたる魂《たま》と魂《たま》　高天原《たかあまはら》に現《あら》われて
夫婦《めおと》の道《みち》を開《ひら》きつつ　現界人《げんかいじん》と同様《どうよう》に
霊的活動《れいてきかつどう》を開始《かいし》して　情《じょう》と情《じょう》との結《むす》び合《あ》い
天人男女《てんにんなんにょ》は相共《あいとも》に　美斗能麻具倍比《みとのまぐはい》なしながら
清《きよ》き正《ただ》しき霊子《たまのこ》を　地上《ちじょう》の世界《せかい》に生《う》み落《お》とし
人間界《にんげんかい》に活動《かつどう》する　夫婦《ふうふ》の体《たい》に蒔《ま》きつける
天《てん》より降《くだ》せし霊子《たまのこ》は　父《ちち》と母《はは》との御水火《みいき》にて

たちまち母体《ぼたい》に浸入《しんにゅう》し　動静解凝引弛分合《どうせいかいぎょういんちぶんごう》の
八《や》つの力《ちから》や剛柔流《ごうじゅうりゅう》　三《み》つの体《たい》をもととして
十月《とつき》の間母《あいだおや》の身《み》に　潜《ひそ》みて身体完成《しんたいかんせい》し
霊子《れいし》の宮《みや》を機関《きかん》とし　この世《よ》に現《あら》われ来《き》たるなり
人《ひと》の子《こ》として生《う》まれたる　神《かみ》の御子《みこ》なる人々《ひとびと》は
地上《ちじょう》における教育《きょういく》を　完全無欠《かんぜんむけつ》に受《う》けながら
霊肉《れいにく》ともに発達《はったつ》し　その成人《せいじん》の暁《あかつき》は
この世《よ》を捨《す》てて天国《てんごく》の　御園《みその》に帰《かえ》るものぞかし
そも人間《にんげん》の肉体《にくたい》は　天津御国《あまつみくに》に住《す》まいたる
天人《てんにん》どもの霊《たま》の子《こ》が　発育遂《はついくと》ぐる苗代《なわしろ》ぞ
種蒔《たねま》き苗立《なえた》ち天国《てんごく》の　田畑《たはた》に移植《いしょく》する時《とき》は
人《ひと》はいよいよ現界《げんかい》を　離《はな》れて天《てん》に復活《ふっかつ》し

天国浄土《てんごくじようど》の神業《しんぎよう》に　参加《さんか》しまつる時《とき》ぞかし
あゝ惟神《かむながら》 惟神《かむながら》　神《かみ》の御国《みくに》は目《ま》のあたり
この地《ち》の上《うえ》に建設《けんせつ》し　天国浄土《てんごくじようど》の移写《いしや》として
短《みじか》きこの世《よ》を楽《たの》しみつ　元津御霊《もとつみたま》を健《すこや》かに
磨《みが》きつ育《そだ》てつ雲霧《くもきり》を　押分《おしわ》け帰《かえ》る神《かみ》の国《くに》
アヽ有難《ありがた》し有難《ありがた》し

（『霊界物語』第四二巻・第二二章「応酬歌」大正一一年一一月二五日）

（二）高天原

治国別《はるくにわけ》は声調《せいてう》ゆるやかに歌《うた》ふ。

「高天原《たかあまはら》は何処《いづく》なる　清《きよ》き尊《たふと》き神《かみ》の国《くに》

栄《さか》えの花《はな》の永久《とこしへ》に
咲《さ》きみち匂《にほ》ふ神《かみ》の国《くに》」

竜公「高天原《たかあまはら》は何処《いづく》なる
八重棚雲《やへたなぐも》をかき分《わ》けて
清《きよ》き尊《たふと》き神人《しんじん》の
常磐堅磐《ときはかきは》にのぼりゆき
無限《むげん》の歓喜《くわんき》に打《う》たれつつ
喜《よろこ》びゑらぎ遊《あそ》ぶ国《くに》」

治国「高天原《たかあまはら》の神国《しんこく》は
愛《あい》の善徳《ぜんとく》充《み》ち充《み》ちて
住《す》む天人《てんにん》はことごとく
神《かみ》の恵《めぐ》みに包《つつ》まれつ
日々《ひび》の業務《げふむ》を謹《つつし》みて
神《かみ》の御国《みくに》の御為《おんため》に
心《こころ》を一つに固《かた》めつつ
円満具足《ゑんまんぐそく》の団体《だんたい》を
ますます清《きよ》く麗《うるは》しく
開《ひら》きて進《すす》む天人《てんにん》の
喜《よろこ》び勇《いさ》み住《す》まふ国《くに》」

竜公「高天原《たかあまはら》の霊国《れいごく》は
月《つき》の御神《みかみ》の永久《とこしへ》に
鎮《しづ》まりいます瑞《みづ》の国《くに》
山川《やまかは》清《きよ》く野《の》は茂《しげ》り

春《はる》と夏《なつ》とのうららかな
百《もも》の木《こ》の実《み》はよく実《みの》り
常世《とこよ》の春《はる》を祝《いは》ひつつ
顔面清《かんばせきよ》く照《て》りわたる
憂《うれ》ひを知《し》らぬ神《かみ》の国《くに》
この世《よ》に生《い》きて大神《おほかみ》の
心《こころ》を研《みが》き身《み》を尽《つく》し
天《あめ》の八衢関所《やちまたせきしよ》をば
上《のぼ》る御霊《みたま》に進《すす》むべく
神《かみ》は吾《われ》らと倶《とも》にあり
いかでか神《かみ》に帰《かへ》らざらむ
御霊幸《みたまさち》はへましませよ」

景色《けしき》に充《み》てる珍《うづ》の国《くに》
名《な》さへ分《わか》らぬ百鳥《ももどり》は
喜《よろこ》びゑらぎ遊《あそ》ぶ国《くに》
姿優《すがたやさ》しくニコニコと
人《ひと》と生《うま》れし吾々《われわれ》は
道《みち》の御《おん》ため世《よ》のために
霊肉分離《れいにくぶんり》のその後《のち》は
越《こ》えずに直《す》ぐに天国《てんごく》へ
今《いま》より心《こころ》を研《みが》くべし
人《ひと》は神《かみ》の子神《こかみ》の宮《みや》
あゝ惟神《かむながら》　惟神《かむながら》

(『霊界物語』第四八巻・第一八章「冥歌」大正一二年一月一四日)

(三) 人生の本義

人《ひと》は神《かみ》の子神《かみ》の宮《みや》
現実界《げんじつかい》の天地《あめつち》の
選《えら》まれ出《い》でしものなれば
国治立大神《くにはるたちのおほかみ》の
愛《あい》と善《ぜん》との徳《とく》にをり
天津御神《あまつみかみ》の賜《たま》ひてし
忍耐力《にんたいりよく》を養成《やうせい》し
恵《めぐ》み助《たす》けつ神《かみ》のため

神霊界《しんれいかい》はいふもさら
その経綸《けいりん》の司宰者《しさいしや》と
人《ひと》はこの世《よ》の元《もと》の祖《おや》
神言《みこと》のままに畏《かしこ》みて
真《まこと》の信仰《しんかう》はげみつつ
一霊《れい》四魂《こん》をよき磨《みが》き
人《ひと》と親《した》しみまた人《ひと》を
世界《せかい》のために真心《まごころ》を

尽《つく》してこの世《よ》の生神《いきがみ》と
貴《うづ》の身魂《みたま》と悟《さと》るべし
誠《まこと》一つの大道《おほみち》は
億兆年《おくてうねん》の末《すゑ》までも
決《けつ》して動《うご》くものでなし
神《かみ》の恵《めぐ》みに浸《ひた》りつつ
神《かみ》より来《き》たる智《ち》を磨《みが》き
この世《よ》に人《ひと》と生《う》まれたる
この世《よ》を去《さ》りて霊界《れいかい》に
伊吹戸主《いぶきどぬし》に審《さば》かれて
実《げ》に恐《おそ》ろしき暗界《あんかい》に
かくも身魂《みたま》を穢《けが》しなば

堅磐常磐《かきはときは》に仕《つか》へゆく
たとへ天地《てんち》は覆《かへ》るとも
天地《てんち》開《ひら》けし初《はじ》めより
堅磐常磐《かきはときは》の巌《いは》のごと
吾《われ》らは神《かみ》をよく愛《あい》し
ただ惟神《かむながら》　惟神《かむながら》
宇宙《うちう》の道理《だうり》をよく悟《さと》り
その天職《てんしよく》を尽《つく》さずば
到《いた》りし時《とき》の精霊《せいれい》は
たちまち下《くだ》る地獄道《ぢごくだう》
顚落《てんらく》するは必定《ひつぢやう》ぞ
吾《われ》らを造《つく》りし祖神《おやがみ》に

対《たい》して何《なん》の辞《じ》あるべき
心《こころ》を鍛《きた》へ肝《きも》を練《ね》り
神《かみ》の賜《たま》ひし恩恵《おんけい》を
かかる境遇《きやうぐう》に陥《おちい》らば
神《かみ》に対《たい》して孝《かう》ならず
曲津《まがつ》の群《むれ》に墜《お》ち込《こ》みて
自《みづか》ら世界《せかい》に遠《とほ》ざかり
集《あつ》むる身《み》とぞなりぬべし

日《ひ》ごと夜《よ》ごとに村肝《むらきも》の
善《よし》と悪《あし》とを省《かへり》みて
うつかり捨《す》つることなかれ
天地《てんち》を造《つく》り給《たま》ひたる
吾《わ》が身《み》をはじめ子孫《しそん》まで
塵《ちり》や芥《あくた》と同様《どうやう》に
百千万《ももちよろづ》の罪業《ざいごふ》を
省《かへり》みたまへ諸人《もろびと》よ

（『霊界物語』第四八巻・第一六章「途上の変」大正一二年一月一四日）

あとがき

いまなぜ「出口王仁三郎」なのか。

科学の進歩は目覚しく、限りなく発展し、地球が小さくなりつつあります。

この大科学の時代に、古い神霊や霊界、宗教はまったく時代遅れでないか、それより経済だ、社会の安定は経済が豊かであれば……と考える気配が濃い。しかし、世界に繰り返される災禍や不安は続き、宗教の役割には疑問を呈せざるを得ないものがあります。

人間は必ず死という関門を迎えなくてはならず、この進歩発展する科学と宗教が、両輪の輪のごとく向かい合い、尽きることなく進展して行くのが、出口王仁三郎聖師提唱の愛善の教です。

出口聖師の霊界観は、幽の幽の世界（神代）から現代、未来に及ぶ霊妙で広範さがあります。そこには天地創造、宇宙の成立ちから現代に至る普遍の方向性が内包されます。

本書は、『霊界物語』はじめ、『道の栞』、『スサノオ哲学・道之大本』、『出口王仁三郎と青年座談会』、『出口王仁三郎全集』、『水鏡』、『月鏡』、『玉鏡』、『惟神の道』の中から霊界観を撰集しました。

○

霊界について、出口王仁三郎著『霊界物語』（全八十一巻・八十三冊）には、詳細かつ豊富に語られているので、是非拝読をお薦めします。

物語第一巻「高熊山の修行」から「幽界の探検」へと、巻を追うごとに内容が繰り返し語られ、判りやすく構成されております。

この第一巻は、難しい所は別にして、「幽界の探検」とは云え「大本草創期」の歴史とも重なるところがあります。物語第三十八、九巻、それに実録・出口王仁三郎伝『大地の母』（全十二巻・出口和明著・みいづ舎刊）は、大本の歴史そのもので「顕幽一致」の法則から主神・神素盞嗚大神様の救いへと導かれることが了解出来ると思います。

物語・第一巻・巻頭の「序」に、「決して現界の事象にたいし、偶意的に編述せしものにあらず。されど神界幽界の出来事は、古今東西の区別なく、現界に現はれ来ることも、あながち否み難きは事実にして、単に神幽両界の事のみと解し等閑に附せず」と示され、「霊界でおきたことは、現界に起こる」との関係を、なおざりにしてはならないことを明示し、以後霊界観が霊妙かつ頻繁に出てきます。

○

霊界の大要について、『神霊界』（大正十年二月十日発行）誌上掲載の「回顧録」には「序」、「発端」から第一篇「幽界の探検」までの記述と、現在発行されている『霊界物語』第一巻を比較すると内容がかなり異なります。「回顧録」では、「霊界には神界と幽界の二大境域があって………」と書かれ、現行物語には「霊界には天界と、地獄と、中有界との三大境域があって………」と書かれております。

これは出版当時のある事情によりますが、物語第一巻の霊界観を理解するには、前記の「回顧録」によらなければ意味が分かりにくいところがあります。それ故、幽界と出ているのは、地獄という意味で、中有界はその中に入ります。本書八三頁に天界、中有界、地獄界の三大境域を掲載しておりますが、二つの書き方があることにご留意下さい。

「回顧録」第五章「霊界の修行」

- 霊界
  - 神界………
    - 天の神界　三段
    - 地の神界　三段
  - 幽界………
    - 根の国　三段
    - 底の国　三段

現行の『霊界物語』第一巻・第五章「霊界の修行」

- 霊界
  - 天界……
    - 天の神界　三段
    - 地の神界　三段
    - また（神界）という
  - 中有界……
    - 浄罪界
    - また（精霊界）という
  - 地獄界……
    - 根の国　三段
    - 底の国　三段
    - また（幽界）という

魂が肉体を離脱後、直ちに出くわすのが中有界、いわゆる精霊界で閻魔《えんま》により裁かれるというのが従来の教です。ところが出口聖師は、霊界は意志想念の世界で、自分自身の心のままに行くのが霊界です。

中有界にとどまることは、天国への智慧証覚が不足していることになり、一種の地獄に相応します。そこで天国に昇りたいという心が起これば、この浄罪界で修業することになりますが、霊界は時間・空間のない永遠の世界で修業といっても「救世主神の神格」「愛善信真」「善言美詞」を悟るのは大変です。

○

物語の中には、霊界観が多義にわたってかかれております。治国別・竜公の天国巡覧（四十七・八巻）、バラモン軍の片彦将軍の中有界での取調べ（四十八巻）、文助の黄泉路帰り、文助と久助、霊身の成長、姑根性、鳶の弁造、敬助・片山狂介・高田悪次郎の地獄行き（五十二巻）、千草姫と高姫の精霊の入れ替り（七十巻）など、現社会に現われる事情とよく似た霊界と現界の関係が示され興味深いものがありますがここでは省略しました。

原文の旧字体を新字体に、旧仮名を新仮名に直し、各項目の出典を末尾に付しました。
また文中判断しにくい原文の字を（　）の中に入れ、「意思」「意志」等々については原文通りとしました。

平成二十年十一月二十二日

みいづ舎 編纂

出口王仁三郎の霊界問答

平成20年12月 8日　　第1版発行
令和 2年11月22日　　第8版発行

編集・発行　　みいづ舎
発 行 者　　山口勝人

〒621-0855 京都府亀岡市中矢田町岸の上27-6
電話 0771(21)2271　FAX 0771(21)2272
http:/www.miidusha.jp/

ISBN978-4-900441-85-9　C0014

出口王仁三郎著

霊の礎

（たまのいしずえ）

◉出口王仁三郎の示す死生観

愛は人間生命の本体であり、人の魂は心臓停止をもって霊界に復活する。死をめぐる状況が、いま大きく変わりつつある。現代社会の底流には、常に神霊世界の否定がある。神霊界と現実界の関わり、そこから王仁三郎の神の活哲学は出発する。本書『霊の礎』は、人生の目的から、霊魂離脱の状況、神霊界の状態、生と死を根源的に説き明かす。必読の好著！

B六判／150頁／本体1200円＋税

大本写真大観

〔復刻〕

明治、大正、昭和にかけて出口王仁三郎により建設された皇道大本の神苑は、綾部を天国の型として「梅松苑」、亀岡を霊国の型として「天恩郷」と命名され「亀山法城」とも呼ばれる。この神苑は、後にも先にも、ただ一度だけこの世に現出した「天国・霊国」の御姿です。昭和十年十二月八日の第二次大本弾圧事件で悉く破壊されるまで、当時の雄姿が『大本写真大観』（昭和九年八月二十日発行）としてのみ現存する。物語四十七・八巻で治国別・竜公の宣伝使が天国を巡覧する。その時の光景がいまここに再現される。付録の見取図は、各建造物の内部を詳細に伝える。

上製函入／A4判ワイド／218頁・別冊付録／A四判／24頁／本体4800円＋税